서울대학교 아시아연구소
열린강연시리즈 1

아시아의 부상,
문명의 전환인가

서울대학교 아시아연구소 열린강연시리즈 1

아시아의 부상,
문명의 전환인가

초판 1쇄 인쇄 2016년 4월 10일
초판 1쇄 발행 2016년 4월 15일

지은이 임현진
펴낸곳 서울대학교출판문화원
펴낸이 성낙인

책임편집 정승아
디자인 장혜원

출판등록 제15-3호

주소 (08826) 서울 관악구 관악로 1
대표전화 02-880-5252 | 팩스 02-888-4148
마케팅팀(주문상담) 02-889-4424, 02-880-7995
이메일 snubook@snu.ac.kr
홈페이지 www.snupress.com

ISBN 978-89-521-1770-0 04340
978-89-521-1767-0 (세트)

아시아의 부상, 문명의 전환인가

서울대학교 아시아연구소 열린강연시리즈 1

임현진 지음

서울대학교출판문화원

시리즈 발간에 부쳐

서울대학교 아시아연구소 열린강연시리즈는 아시아의 부상에 따른 문명사적 전환의 의미를 알아보기 위하여 마련되었다. 서울대학교 아시아연구소는 2009년 출범한 이래 지역과 주제의 결합을 통해 아시아 연구의 세계적 허브를 지향하고 있다. 그간 아시아 지역의 미래창발적 지식 창출과 공유를 위해 일련의 통합적 연구를 진행하는 가운데 일반대중을 위한 간결하고 명료한 도서가 필요하다는 취지에서 이 시리즈를 준비하게 되었다.

2013년 중앙일보사의 협조를 얻어 아시아 지역이 마주하고 있는 도전과 과제를 열 번에 걸쳐 일간지 지면에 게재하면서 일부 주제를 교양서적으로 간행하기로 한 것이다. 그러나 하루가 다르게 변화가 극심한 오늘의 현실에서 3년이 경과하면서 적지 않은 내용이 이미 낡아 버리지나 않았을까 하는 우려를 갖는다.

작금 우리는 아시아 시대의 도래라는 중요한 역사적 전환점에 서 있다. 그러한 문명적 대전환의 함의와 파장을 적확히 파악할 필요성은 아무리 강조해도 지나치지 않다. 돌이켜 보면, 10세기 이후 아시아의 문명적 우위가 5백 년간 지속되다가 15세기 이래 유럽의 부흥과 아시아의 하락이 나타났고 다시금 그 상황이 역전되고 있다. 즉, 아시아의 부상이라기보다 '재(再)부상'이 맞는 표현이다.

유럽과 미국을 낀 대서양에서 미국과 아시아를 포괄하는 태평양으로 문명의 전환이 나타나면서 네덜란드로부터 영국을 거쳐 미국에서 중국으로 부와 권력의 이동이 이루어지고 있다. 일찍이 중국의 덩사오핑(鄧小平)과 인도의 라지브 간디(Rajiv Gandhi)의 만남에서 공론화되었던 '아시아의 세기(Asian Century)'가 마침내 도래하고 있다는 생각이 든다.

아시아의 부상은 이미 중심부에 진입한 일본을 비롯하여 한국, 대만, 싱가포르 등 세 마리의 용도 있지만, 무엇보다 중국을 위시한 인도, 말레이시아, 인도네시아, 베트남 등 동남아 신흥국들의 등장에서 찾을 수 있다. 이 국가들의 국민총생산량은 수

년 안에 미국과 유럽을 추월할 것으로 예상된다. 실상 미국의 정체와 유럽의 쇠퇴가 아시아의 부상과 맞물리면서 새로운 문명적 대안으로 아시아 지역의 발전 경험이 주목받고 있는 것이다.

여기서 중요한 한 가지 사실이 미국과 중국 사이의 변화하는 역학관계다. 국민총생산량만 놓고 보면 중국이 미국을 따라잡을 날이 멀지 않았다. 그러나 아직도 군사력이나 문화력, 정치력 등에서 중국은 소프트파워는 물론이고 하드파워에서 미국에 미치지 못하는 실정이다. 떠오르는 중국은 아시아 지역에서 신패권주의를 통해 미국을 구축(驅逐)하고 '일대일로(一帶一路)' 전략에 의해 유럽으로 진출하려 하고 있으며, 가라앉는 미국은 재(再)균형 전략에 의해 다시금 이 지역으로 복귀하려 한다. 또한 중국은 풍부한 자본력을 활용하여 미국의 주요 기업들을 인수하고 있으며, 반면에 미국은 셰일가스 채굴을 바탕으로 중동 국가들과 러시아를 압박하고 있다. 미국 내의 반(反)중국 정서, 미국에 대한 중국의 견제, 그리고 미국의 새로운 헤게모니 확립 전략 등을 목도할 수 있다.

이 시리즈는 모두 세 권으로 이루어져 있다. 첫째 권에서는 세계경제와 국제정치에서 미국과 중국의 뒤바뀌고 있는 위상을 살펴본다. 중국이 미국을 추월하여 세계제국으로 올라설 것이라는 후안강(胡鞍鋼) 교수와, 이와 달리 미국의 헤게모니는 앞으로도 상당한 기간 동안 지속될 것이라는 쿱찬(Charles A. Kupchan) 교수의 서로 다른 입장이 흥미롭다. 둘째 권인 『동아시아 역사분쟁』에서는 동북아 3개국인 한·중·일 간의 바람직한 평화와 협력의 틀을 모색하고, 이들 3개국 간의 역사분쟁과 갈등의 현장을 탐방하면서 기록한 답사기를 수록하였다. 셋째 권인 『아시아, 이주의 중심을 가다(베트남 편)』는 한국에 들어온 베트남 결혼이민 여성과 이주노동자를 중점적으로 다룬다. 한국으로의 국제결혼이주에 대한 베트남 사회의 인식, 그리고 이주여성 당사자의 경험과 평가에 초점을 맞추고 있다.

여기에 소개하는 세 권의 열린강연시리즈가 빛을 보기까지 여러 분들로부터 물심 양면의 격려와 도움을 받았음을 밝히려 한다. 그분들께 마음 깊이 감사의 인사를 드린다. JTBC의 김수길 사장님(중앙일보 전 편집인)과 김종혁 중앙일보 논설위원(중앙일보 전 편집국장), 그리고 장세정 중앙일보 기자에게 고마움을 전한다. 그리고 해외 취재를 위해 재정지원을 해준 영원무역의 성기학 회장님께 사의를 표한다. 마지막으로 열린강연시리즈의 기획을 주도한 서울대학교 아시아연구소 소장 강명구 교수님과 편집을 위해 수고를 아끼지 않은 남은영 박사에게 각별한 인사를 드린다.

관악산을 바라보며
2016년 병신원단
임현진

책 머리에

오래전부터 우리는 아시아 시대의 도래라는 얘기를 자주 들어왔다. 이른바 부와 권력이 북미와 유럽에서 아시아로 이동하고 있다는 것이다. 일찍이 1970년대에 『이코노미스트』지의 맥레(N. Macrae) 기자는 세계가 영국의 세기(1775-1875)를 지나 미국의 세기(1875-1975)를 거쳐 태평양의 세기(Pacific Century)에 들어서고 있다고 예측한 바 있다.

태평양의 세기는 아시아라는 가장 역동적인 지역의 등장으로 특징 지어진다. 지난 반세기 동안 아시아 국가들이 보여 준 발전의 역동적 측면은 세계 그 어느 곳에서도 유래를 찾아보기 어렵다. 아시아의 인구 규모와 면적은 북미, 남미, 유럽 혹은 아프리카보다 크다. 비록 산업화와 민주화는 늦었지만 정보화에 발 빠르게 적응함으로써 아시아는 세계에서 가장 빠르게 21세기형 지식기반사회로 옮겨 가고 있다. 최근에는 아시아 국가들이 빅데이터, 클라우드 컴퓨팅, 사물인터넷, 인공지능 로봇, 무인자동차, 나노·바이오 기술 등 이른바 '4차 산업혁명'을 향해 나아가고 있다.

이렇듯이 미국과 유럽의 쇠퇴, 그리고 아시아의 부상으로 세계 질서에서 헤게모니의 이동이 이루어지고 있는 가운데, 아시아가 미국과 유럽의 문명적 대안으로 거론되고 있다. 에드워드 사이드(Edward Said)가 지적한 대로, 지금까지 아시아는 유럽중심주의 아래 '오리엔탈리즘(Orientalism)'이라는 구미적(歐美的) 척도에 의해 폄하되어 왔다. 유럽이 합리적이고 역동적이라면 아시아는 감정적이고 정체적이라는 주장이다. 그러나 21세기에 들어와 아시아는 부와 권력이나 지식과 문화의 창출에서 세계의 중앙으로 올라서고 있다.

과연 아시아의 세기는 오고 있는가? 우리는 지나온 역사에서 자학도 나쁘지만 과신은 더 나쁘다는 사실을 배운 바 있다. 아시아의 부상이 미국과 유럽의 몰락을 의미하는 것은 아니다. 오히려 오리엔탈리즘에 대한 반작용으로 옥시덴탈리즘(Occidentalism)을 경계해야 한다. 아시아는 전 세계적 경제위기의 사각지대가 아니다. 오늘의 한국, 중국, 일본 등 아시아 주요 국가들이 마주하고 있는 문제를 짚어 볼 필요가 있다.

과연 중국이 미국을 넘어설 수 있을까? IMF는 중국이 머지 않아 노동 과잉에서 부족으로 바뀌는 '루이스변곡점(Lewis Turning Point)'을 맞아 사회적 양극화 아래 임금 상승, 수익 축소, 투자 감소에 직면하여 성장의 한계에 다다를 것으로 내다봤다. 외연적 성장에서 내포적 성장으로의 전환이 필요한 시점이다. 그러나 제도와 정책에서 법치 준수, 부패 청산, 책임 강화 없이 내포적 성장은 어렵다. 이러한 중국의 고민은 최근의 증시 등락과 경기 침체에서 잘 나타나고 있다.

아시아가 차세대 글로벌 파워가 되기 위해서는 민주주의와 시장경제에서 개선할 점이 많다. 서구식 자본주의의 한계를 넘어서는 대안적 경제체제와 정치이념을 제시할 수 있는 가치와 내용이 필요하다. 아시아의 부상을 '문명의 전환'으로 보기에 앞서 모든 역사는 나름대로 시대적 중요성을 갖는다는 사실을 명심하자. 이제 우리는 한 역사의 종말이라기보다 다른 역사의 시작이라는 관점에서 아시아 시대의 의미를 찾아야 할 것이다.

서울대학교 아시아연구소 열린강연시리즈 중 첫째 권에 해당하는 이 책은 바로 '아시아 시대의 도래'라는 거대한 담론에 대한 검증을 통해 오늘의 아시아 지역이 지니고 있는 과제를 도출하고 바람직한 미래를 전망하려는 의도를 지니고 있다. 실제로 미래의 아시아는 엄청난 기회와 위협으로 둘러싸여 있다. 이 책을 통해 위협을 기회로 바꾸기 위한 고민을 나누고자 한다. 마지막으로 이 책을 준비하는 과정에서 헌신적인 도움을 준 서울대학교 아시아연구소의 공석기 박사와 신혜선 박사 두 분께 깊은 감사의 인사를 드린다.

2016년 3월

임현진

차례

1.
새로운 아시아의 도래

* 이 글은 다음의 두 논문을 중심으로 수정· 보완한 것이다. 임현진, 「지구적 변환, 아시아의 부상, 그리고 한국의 역할」, 『아시아리뷰』 제1권 제2호(2011), 23-50쪽; 임현진, 「동북아에서의 내셔널리즘과 보편주의의 조화: 문화 공동체의 모색」, 『동북아문화연구』 제24집(2010), 169-187쪽.

아시아의 부상

오늘날 세계는 혼란스럽기 그지없다. 맥루한(Marshall McLuhan)이 '지구촌(global village)'이란 말을 쓴 후 인류는 서로 화합하고 상생할 수 있다고 기대했다. 그러나 세계화가 진행되면서 오히려 '약탈로 얼룩진 지구(global pillage)'가 되고 있다는 자성이 일고 있다. 세계 곳곳에서 문화충돌, 인종분쟁, 민족갈등이 전쟁, 폭력, 테러라는 형태로 끊이지 않고 있으며 빈곤, 기아, 압제 등이 나타나고 있다.

세계 질서를 보더라도 미국 중심의 단극 체제는 무너지고 있다. 이러한 견지에서 무극(無極) 또는 비극(非極)의 관점에서 'G-0'라는 말이 나오고 '세계 무질서'의 미래가 이야기될 정도다. 제2차 세계대전 이후 패권체제 대신 지역블록화가 진행되면서 다중심적인 힘의 재배치가 이루어지고 있다는 주장도 있다(Pieterse, 2011: 123). 실제로 중국이 부상하고 유럽이 쇠퇴하면서 헤게모니의 변화를 읽을 수 있다. G2의 대열에 유럽을 대신하여 중국이 미국과 어깨를 나란히 하고 있다. 세계의 헤게모니가 미국에서 중국으로 점차 옮겨 가면서, 유럽과 미국을 잇는 내서양에서 미국과 중국을 포괄하는 태평양으로 중심 이동이 이루어지고 있다. 이러한 '힘의 이동'은 새로운 세계 질서의 편성을 의미한다.

세계사적 전환기를 맞이하여 아시아 대륙이 지니는 지정학적(geo-political)·지경학적(geo-economical), 그리고 지문학적(geocultural) 중요성은 날로 커지고 있다. 그래서 아시아 지역에서 '제2의 근대(the second modernity)'의 가능성을 예상하기도 한다. 바야흐로 우리는 맥레(N. Macrae) 기자의 언급대로 영국의 세기(1775-1875)를 지나 미국의 세기(1875-1975)를 거쳐 태평양의 세기(Pacific Century)에 들어서고 있는 것이다.[1]

태평양의 세기가 지니는 하나의 특성은 아시아가 유럽과 아메리카라는 두 대륙의 연결고리라는 점이다. 이와 아울러 아시아 대륙에서도 가장 역동적인 한국, 중국, 일본을 포함하는 동북아시아 지역이 태평양 세계의 중심축으로 자리 잡고 있다. 그렇기에 동북아시아에 대한 미국과 유럽의 관심이 헤게모니 다툼으로 이어지고 있으며, 이 지역 질서의 맹주 자리를 놓고 중국과 일본 사이에 암투가 벌어지고 있다. 이런 상황에서 분단국가인 한국은 미국과 중국 사이에서 국익 유지를 위해 고투(苦鬪)하고 있다. 이러한 현상들은 모두 앞서 언급한 세계 질서의 재편과 긴밀하게 연관되어 있다.

1 물론 태평양 세기의 도래에 대해서는 나이스비트(J. Naisbitt)나 후쿠야마(F. Fukuyama)와 같은 확신론자와 헌팅턴(S. P. Huntington)이나 크루그만(P. Krugman) 같은 회의론자의 견해가 서로 엇갈리고 있다. 그러나 서구의 또 다른 천년기획을 위해 동아시아의 지나온 역정에서 교훈을 찾으려는 공통의 노력을 이들에게서 읽을 수 있다. 여기서 우리는 역설적이게도 오리엔탈리즘(Orientalism)의 연장선에서 옥시덴탈리즘(Occidentalism)을 발견하게 된다. 왜냐하면 이른바 '태평양의 세기'라는 유행어의 배후에 동양의 도전을 극화시켜 서양의 재건을 도모하려는 서양문명중심주의가 보이지 않게 자리 잡고 있기 때문이다.

최근 아시아는 서구적 근대성의 대안 지역으로까지 언급되고 있다. 유럽적 '근대'에 대해 아시아는 '제2의 근대'로 도전하고 있는 것이다. 사이드(Edward Said)가 날카롭게 지적한 것처럼, 지금까지 아시아는 유럽중심주의 시각에서 '오리엔탈리즘(Orientalism)'으로 폄하되어 왔다. 유럽이 보편적이고 합리적이며 생동적이라면, 아시아는 특수적이고 비합리적이며 정체적이라는 것이다(Said, 1978). 그러나 21세기에 들어와 아시아가 부와 권력, 지식과 문화의 창출에서 세계의 중심으로 올라서고 있음을 부인하기는 어렵다.

그런데 아시아의 부상이 서구의 몰락을 의미하는 것은 결코 아니다. 오히려 오리엔탈리즘에 대한 반작용으로서 옥시덴탈리즘(Occidentalism)을 경계해야 한다. '탈(脫)유럽'이라는 미명 아래 나타나는 배타적 아시아주의는 결국 역(逆)오리엔탈리즘에 다름 아니기 때문이다.

- **오리엔탈리즘**(Orientalism): 원래 유럽의 문화와 예술에서 나타난 동방취미東方趣味의 경향을 나타냈던 말이다. 하지만 오늘날에는 동양과 서양을 이분법적으로 구분하여 동양에 대한 서양의 우월성이나 동양에 대한 서양의 지배를 정당화하는, 동양에 대한 서양의 고정되고 왜곡된 인식과 태도 등을 총체적으로 나타내는 말로 쓰인다.
- **옥시덴탈리즘**(Occidentalism): 오리엔탈리즘과는 반대로, 서양은 비인간적이고 천박하며 물질적이지만 동양은 인간적이며 고상하고 정신적이라는 식의 이분법적인 구별을 통해 서양에 대한 왜곡된 이미지와 편견을 형성한다. 이러한 인식은 서양에 대한 적대적인 태도를 가져오며, 동양의 전통에 대한 지나친 강조와 예찬으로 나타난다.

역동적인 아시아의 세기를 향해

역사적으로 볼 때 아시아는 유럽에 비해 앞서 있었던 것으로 보인다. 어느 문명이고 영락(榮落)이 있듯이, 인류의 두 번째 천 년 중 첫 다섯 세기(1000~1500년)에는 아시아가 앞섰으나, 그 다음 다섯 세기(1500~2000년)에는 유럽이 아시아를 넘어섰다(McNeill, 1963; Abu-Lughod, 1989). 나는 역사학자 바라클러프(Geoffrey Barraclough)가 지적한 대로, 모든 시대는 그 나름대로의 역사적 중요성을 지닌다는 입장에 동의한다. 그러므로 이른바 '문명의 역전'이란 것도 한 역사의 종말이라기보다 다른 역사의 시작이라고 해석하고 싶다. 아시아는 다시금 서구를 추격하려 한다.

유럽의 흥기는 아시아의 선진 문화유산을 과학기술의 혁명으로 이어갈 수 있었기에 가능했다. 서기 1000년경 중국과 중동은 상당히 도시화되어 있었던 반면, 로마의 인구는 45만 명에서 3만 5천 명으로 줄어들어 있었다. 이슬람 지배 아래의 스페인 코르도바에는 50만 명의 주민이 거주하고 있었고, 바그다드는 인구가 백만 명에 가까운 세계 최대의 도시였다. 9세기에서 13세기에 이르는 동안 바그다드의 '지혜의 집(House of Wisdom)'은 그리스·페르시아·인도 문명의 정수를 담은 서적을 수집하여 번역·종합했는데, 유럽은 이를 과학기술의 혁명을 통해 '지리상의 발견'으로 이어감으로써 아시아를 앞지를 수 있었다. 르네상스 이후 유럽의 발전은 학문, 예술, 건축, 항해 등 모든 면에서 괄목할 만한 것이었다.

반면에 21세기인 현재 아시아는 세계에서 가장 역동적인 지역으로 새로운 역사를 써나가고 있다.[2] 유럽, 북미 대륙과 더불어 아시아는 근대 산업세계의 3대 지주 중 하나로 손꼽히고 있다. 일본은 비서구 지역에서 처음으로 근대화를 달성했으며, 한국을 비롯하여 대만, 홍콩, 싱가포르는 '네 마리의 용(Four Dragons)'으로 불리며 놀랄 만한 경제 발전을 이루어 냈다. 그 후 '다섯 마리의 호랑이(Five Tigers)'로 불리는 태국, 인도네시아, 말레이시아, 필리핀, 베트남이 새로운 공업국으로 부상하기 시작하였고, '친디아(Chindia)'로 불리는 중국과 인도가 세계적인 정치·경제 대국으로 발돋움하고 있다. 1970년대 중반 중국의 덩샤오핑(鄧小平)과 인도의 간디(Rajiv Gandhi)의 만남에서 공론화되었던 '아시아의 세기(Asian Century)'가 마침내 도래한 것이다.

2 프랭크(Andre G. Frank)는 아시아가 다시금 세계에서 주도적인 위치로 떠오르고 있다는 사실을 '동양(Orient)'이 '재(Re)지향(Orient)'한다는 방식으로 설명한다(Frank, 1998).

바람직한 미래를 위한 아시아의 과제

지난 수십 년 동안 아시아 국가들이 보여 준 발전은 세계 그 어느 곳에서도 유래를 찾아볼 수 없을 정도로 역동적이다. 아시아의 인구 규모와 면적은 아메리카, 유럽, 아프리카보다 크다. 산업화는 늦었지만 정보화에 발 빠르게 적응함으로써 아시아는 세계에서 가장 빠르게 21세기형 지식기반사회로 변화하고 있다. 컴퓨터와 인터넷의 보급, 디지털 산업의 발달, 스마트폰과 소셜네트워크서비스(SNS)의 사용 등에서 아시아의 국가들은 선두를 달리고 있다.

아시아의 다양성 안에는 또한 공통성이 존재한다. '아시아적 길', '아시아적 가치', '아시아적 관점', '신아시아주의' 같은 표현은 이를 잘 말해 준다. 서구적 근대에 대한 대안으로 아시아가 제2의 동양적 근대라 할 인간-환경 친화적이며 지속가능한 발전의 패러다임을 열 수 있을 것으로 기대되고 있다.

아시아는 세계 생산량의 절반 이상을 차지하며 교역량에서 미국과 유럽을 능가하는, 가장 잠재력이 큰 지역공동체의 조건을 갖추고 있다. 그 가운데 한국, 중국, 일본은 세계 경제와 국제관계에서 큰 비중을 차지하고 있다. 아시아 지역 총생산의 75퍼센트 이상을 차지하고 있는 세 나라는 생산, 투자, 무역, 소비에서 세계의 중심에 서 있다. 일본은 '이미', 중국은 '현재', 그리고 한국은 '앞으로' 자원 외교와 해외 원조를 통해 5대양 6대주로 무섭게 뻗어 나가고 있다.

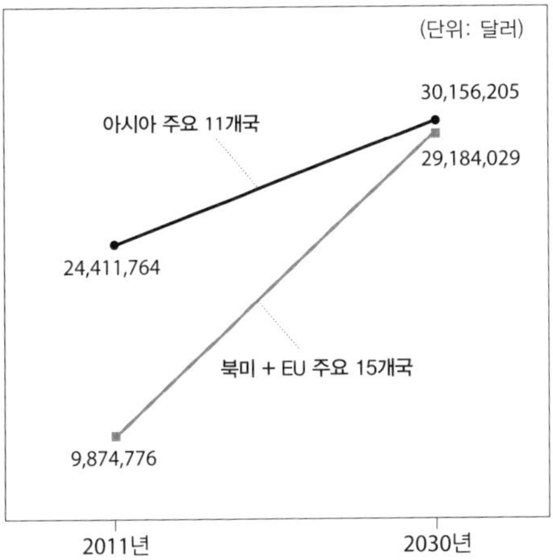

○ 아시아 주요 11개국

한국, 중국, 일본, 인도, 싱가포르, 인도네시아, 말레이시아, 태국, 베트남, 필리핀, 라오스

○ 북미 + EU 주요 15개국

미국, 캐나다, 독일, 프랑스, 영국, 스페인, 이탈리아, 네덜란드, 스웨덴, 벨기에, 오스트리아, 덴마크, 그리스, 이탈리아, 핀란드, 포르투갈, 룩셈부르크년

그림 1 2030년 서구와 맞먹을 아시아의 실질 GDP 예측치

자료: 서울대학교 아시아연구소가 세계은행의 기초자료를 근거로 분석(중앙일보, 2013. 5. 24).

아시아의 바람직한 미래를 위해서는 한국, 중국, 일본 사이의 협력이 필요하다. 5년 전 일본 후쿠시마 원전 사고에서 볼 수 있듯이, 그 여파는 비단 한국만이 아니라 중국에까지 미치고 있다. 만약 중국 산둥반도와 일본 서해안 지역의 원전에서 사고가 난다면 한국으로서는 재앙 그 자체다. 그러므로 에너지, 금융, 환경, 테러, 발전 등 일련의 문제에서 세 나라 공동의 협력 틀이 필요하다. 지역공동체라는 먼 미래를 위해 세 나라는 문화와 경제 교류의 확대를 통해 국민들 사이의 이해와 신뢰를 높여 나가야 한다. 인적·물적 소통과 교섭을 통해서 상생과 공존을 위한 합의의 기반을 만들어 나갈 수 있기 때문이다.

아쉽게도 아시아에는 통합 유럽의 지도자라는 야심을 품었던 지난날의 모네(Jean Monet), 쉬망(Robert Schuman), 처칠(Winston Churchill), 드 골(Charles de Gaulle) 같은 인물이 없다. 마오쩌둥(毛澤東), 호치민(胡志明), 수카르노, 박정희, 리콴유(李光耀) 등 국익 수호를 위한 민족해방적 혹은 개발독재형 정치인은 있었으나, 아시아라는 지역적 공통분모 아래 동주공제(同舟共濟)를 추구하는 예언자적 풍모를 지닌 걸출한 지도자는 아직 나타나지 않고 있다. 이 점에서 일본의 '대동아공영권'과 중국의 '중화경제권'과 같은 자국 중심의 패권주의적 구상을 넘어설 수 있는 동북아시아 공동체를 향한 선취적이고 전향적인 리더십을 한국에서 기대해 보고 싶다.

2.

세계는 바뀌고 있다

세계화와 세계의식

오늘날 지구적 변환의 중심에는 세계화라는 거대한 흐름이 있다. 세계화란 세계 전체가 국경이라는 벽을 넘어 하나의 단위가 되는 것을 일컫는다. 그 흐름 속에서 국가는 물론이고 그 품 안에 있던 개인과 기업, 지방이 세계와 직접 맞상대하게 되며, 여러 형태의 민간 조직들이 국경을 넘어 국가의 간섭에서 벗어나 활동한다. 그림 2에서 볼 수 있듯이, 세계화는 국제적인 단계를 넘어서 다국적이고 초국적인 차원을 거쳐 전 지구적인 단계로 이행하고 있다고 할 수 있다(Borrogo, 1999: 185). 이런 의미에서 세계화는 지금까지의 생활공간인 국민국가의 독자성을 침식하고 있다.

케네디(Paul Kennedy)가 적절히 지적한 것처럼, 국가는 세계와 지방이라는 위아래로부터 '권위 재분배'의 압력을 받고 있다(Kennedy, 1993). 이런 점에서 코헤인(Robert Keohane)과 나

- **국제적:** 주권국가들 사이의 정치, 군사, 경제, 문화, 환경, 사회 등 관계를 지칭
- **다국적:** 위의 특정 관계에서 몇몇 주권국가의 이해를 넘어 공동 보조가 이루어지는 것
- **초국적:** 정치, 군사, 경제, 문화, 환경, 사회 등의 영역에서 주권국가의 입장을 넘어서 결정이 이루어지는 것
- **전 지구적:** 위의 여러 영역에서 주권국가의 국내, 국외 정책의 입지가 흔들릴 정도로 국민국가 범위를 넘어서는 질서가 형성되는 것

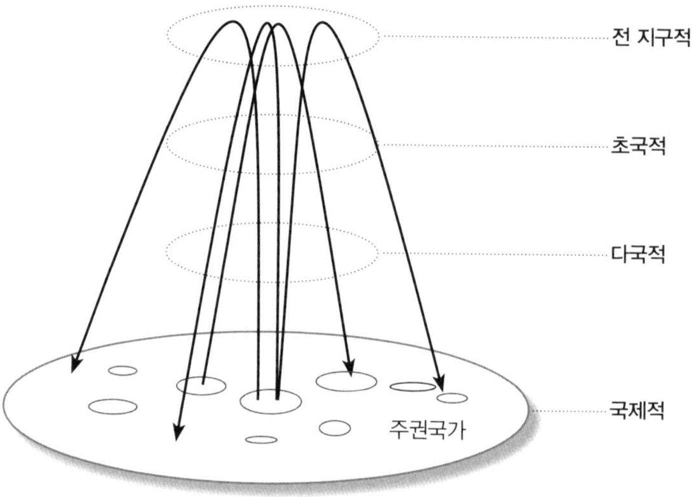

그림 2 세계화의 흐름: 국제적 → 다국적 → 초국적 → 전 지구적

이(Joseph Nye)는 국가들 사이의 상호작용이 국가, 국제기구 및 NGO의 국가 간 그리고 초정부적인 관행과 제도의 형성으로 이어지는 '복합적 국제주의(complex internationalism)'를 초래한다고 지적한 바 있다(Keohane and Nye, 2001).

세계화란 자본, 노동, 상품, 지식, 문화, 정보 등이 국경을 넘어 교류되는 과정을 의미한다. 이러한 세계화는 국경을 초월하여 정치, 경제, 사회, 문화 관계의 심화를 가져온다. 경제적으로 국제 무역과 생산의 확대, 자본 이동의 심화, 정치적으로 정부들 간 협력과 갈등의 혼효, 국제정부와 비정부조직의 증대, 사회적으로 국제이주와 관광객의 증가, 난민과 외국인 노동자의 출현, 그리고 문화적으로 세계의식(global consciousness)의 등장과 세계의 압축 등이 그것이다(Robertson, 1993). 이러한 전 지구적 상호 의존은 세계 곳곳으로 넓게 뻗어 나가는 '확장'과 깊은 영향을 주는 '심화'의 성격을 지닌다. 이 와중에서 세계화는 지역, 국가, 지방, 기업, 개인이라는 하위 체계의 변화를 초래하고 있다. 이제 그 무엇도 세계화라는 대세로부터 자유로울 수 없다.

세계화는 자본의 초국가적 흐름을 중심으로 한 세계시장과 자유무역의 확대를 의미한다. 그러므로 세계화는 산업적 축적에서 금융적 축적의 방향으로 점차 나아가고 있는 것이다. 이와 관련해 국민경제가 사라지고 있으며 기업의 국적도 없어질 것이라는 주장이 있는 반면(Reich, 1991), 세계화는 무역, 금융, 거시경제 정책에서 국민경제들 사이의 상호 의존이 증가하는 것에 지나지 않는다는 반론도 있다(Gilpin, 2001). 분명한 것은 세계화가 진행되면서 국민국가의 정책적 자율성이 약화되고 있다는 사실이다. 그리고 어느 나라의 국민이건 복수의 국적을 지닐 수 있고, 더 나아가 지구시민으로 행세할 수도 있다.

세계화의 동인은 이윤 실현을 확대하려는 자본의 논리, 그리고 전 지구적 연결망을 가능하게 하는 과학기술과 정보통신의 혁신 등 다양하다. 초국적 기업(transnational corporations)도 세계화의 주역 중 하나다. 구미 자본주의의 장기 불황에 대처하기 위하여 다품종 소량생산으로 특징 지어지는 포스트 포드주의적 축적체제가 나타났다. 이런 상황에서 초국적 기업은 과학기술과 정보통신의 혁신에 따른 전 세계적 연결망을 토대로 한 네트워크 전략을 통해 생산과 유통과 소비 과정을 총괄하면서 자본주의를 전 지구적으로 확산시키고 있다.

세계는 점점 더 좁아지고 있다. 한 지역에서 일어나는 사건이나 현상은 그 시공간적 독립성을 넘어 다른 지역에도 영향을 미친다. 기든스(Anthony Giddens)의 시공간 원격화(time/space distanciation) 개념에 따르면, 현 세계에서 개인이나 제도는 '여기 있음(present)'에 구애받지 않고 공간적으로 멀리 떨어져 '여기 없는(absent)' 상대방과도 연결과 소통이 가능하다(Giddens, 1990: 18). 세계화는 '지방적인 것(the local)'과 '세계적인 것(the global)' 사이의 체계적 상호 연결과 소통을 통해 이른바 세계지방화(Glocalization)와 지방세계화(Locabalization)를 이끌고 있다. 점차 '내가 어디 있는가'라는 절대적 위치에 대해 생각할 필요가 없어지는 것이다. 이것을 하비(David Harvey)는 '시공간 압축', 기든스는 '시공간 응축'으로 표현한다.

세계의 모든 사건이나 현상은 시간과 공간을 초월하여 같은 시간대에 TGIF(Twitter, Google, Internet, Facebook)를 이용하는 사람들에게 공유될 수 있는 것이다. 누구나 다양한 네트워크를 바탕으로 집, 거리, 사무실이라는 장소의 구속 없이 국경을 넘나들며 서로 지식과 정보를 나눌 수 있다. 현재 전 세계 인구 중 8억 명이 넘는 사람들이 SNS를 사용하고 있다. 한국은 미국, 폴란드, 영국 다음으로 세계 제4위의 SNS 이용국이다.[3] 수직적 문화를 가진 독일과 일본보다 수평적 문화를 가진 미국과 영국 등이

3 한국은 6세 이상 인터넷 이용자 중 3분의 2가 SNS를 사용하고 있다.

SNS를 보다 많이 이용하고 있는 것도 흥미롭다.

이러한 모바일 혁명은 일반 대중을 보다 능동적으로 바꾸면서, SNS를 통해 국내외 주요 현안에 개입하는 '감독자 시민(monitorial citizen)'을 배출하고 있다. 네트워크 시대가 도래한 것이다. 20세기가 자동차로 고속도로를 달리는 시대였다면, 21세기는 모바일로 네트워크를 달리는 시대라 할 수 있다. 모래알처럼 흩어진 대중의 결집이 이루어지는 배경이다.

페더스톤(Mike Featherstone)은 전 지구적 일치가 이루어지는 배경으로 지구문화의 상호작용 확장과 지역문화와의 지속적인 상호교환에 주목한다(Featherstone, 1991: 6). 이러한 일련의 문화적 흐름은 문화적 동질성과 문화적 무질서를 동시에 불러일으키며, 국민국가 단위를 넘어서는 '제3의 문화'로서 초국적 문화의 형성을 가져온다. 이러한 현상을 가능하게 하는 것은 초국적 기업의 국경을 초월한 활동, NGO들의 범국제적인 활동과 정부간 국제기구(IGO)의 확장, 그리고 매스 미디어의 전 지구적 확산 등이다.

아파두라이(Arjun Appadurai)는 이러한 전 지구적 문화 현상의 요인으로서 다음의 다섯 가지를 든다(Appadurai, 1991: 296-301).

[1] 관광객, 이민, 난민, 외국인 노동자에 의해 이루어지는 민속적인 양상
[2] 다국적 기업, 직접 투자, 기술의 흐름인 기술적 양상
[3] 통화 시장과 주식 거래에서 화폐가 급속하게 이동하는

금융의 양상

[4] 신문, 잡지, 텔레비전, 영화에 의해 생산되고 분배되는 이미지와 정보 매체의 양상

[5] 민주주의, 자유, 복지, 인권과 같은 서구 계몽주의 세계관의 요소로 이루어진 국가 및 반(反)국가 운동 등 이념의 흐름인 이데올로기적 양상

대안세계화론

토머스 프리드먼(Thomas Friedman)의 예견과 달리 세계화는 '평평해지는' 지구를 가져오지 않고 있다. 무역과 금융뿐만 아니라 지식과 정보 영역에서 지구적 불균형이 나타나고 있다. 세계화가 성장과 발전에 기여한다는 옹호론자에 대해, 빈곤과 불평등을 가져온다는 반대론자가 맞서고 있는 이유다. 최근에는 이러한 세계화의 명암을 극복하기 위하여 대안세계화론이 등장하고 있다.

세계화 옹호론자들은 세계화가 자유로운 교역과 거래를 통해 지구 전체의 부를 늘림으로써 개발도상국들이 후진의 멍에에서 벗어날 수 있다고 본다. 그러나 현실은 국가들 사이뿐만 아니라 한 국가 안에서도 개인, 집단, 부문, 계층 사이의 불평등이 커지고 있다. 이 점에서 세계화 반대론자들은 초국적 자본이 주도하는 세계화가 이른바 '20 대 80'이라는 빈부 격차를 가져온다

대표적인 세계화 예찬론자인
토머스 프리드먼의 『세계는 평평하다』

고 비판한다.

따라서 세계화를 반대하는 것을 넘어 근본적으로 제국주의의 전 세계적 확장을 막아야 한다는 논의도 있고, 지역 수준에서 주민의 경제적·사회적 권리를 강화하거나 집합적인 재산권 확보를 통해 세계화를 저지해야 한다는 주장도 있다.[4] 대안세계화론자들은 세계화 자체를 송두리째 부정하기보다 그것의 경제적 측면이 지니는 모순을 직시하고 이를 극복하기 위한 인간적 세계화를 위해 풀뿌리 시민의 역능화와 정부의 적절한 개입을 강

4 세계화 반대론자들 중 전자의 입장을 역세계화(rolling back globalization)라 하고, 후자의 입장도 또 다른 역세계화(global backlash)라고 할 수 있다.

조한다(Evans, 2008).

미리 보는 미래

45억 4,000만 살인 지구는 현재 중병에 걸려 있다.[5] 인간에 비유하면 수시로 발생하는 강진으로 인해 부정맥 증상을 보이고 있다. 지구의 혈액인 바다는 기름, 쓰레기, 방사능 등으로 오염되었으며, 오염된 강물과 바닷물을 걸러내는 습지와 갯벌의 훼손으로 간과 콩팥 기능도 아주 좋지 못한 상태다. 그리고 지구의 허파인 아마존 산림은 파괴되어 그 기능이 계속 악화되고 있다. 북극과 남극 상공의 오존층 파괴로 지구의 피부도 갈수록 나빠지고 있다.

토플러협회는 2010년 이후 40년 동안 일어날 중요한 40가지 변화를 제시한 바 있다(표 1 참조). NGO의 권력 강화, 무력과 협상을 병용하는 스마트파워 전략의 유효성 증대, 개방 네트워크에 기반한 상호 접근성 증대, 나노 기술의 확산, 고령화로 인한 국가의 재정 부담 증대, SNS로 인한 인간관계의 변화, 세계 경제대국으로서 중국의 부상, 지식의 자본으로의 전환, 기후 변

5 2011년 4월 22일 제42회 '지구의 날'을 맞이하여 중앙일보가 미국 항공우주국(NASA)과 지질조사국(USGS)의 자료를 바탕으로 지구를 종합건강검진한 결과다(중앙일보, 2011. 4. 22).

표 1 토플러협회가 제시한 '향후 40년 동안 일어날 40가지 변화'

정치	• 비국가적 행위자(non-state actors)의 권력 강화와 국가에 대한 도전 • 무력과 협상을 병용하는 스마트파워 전략의 유효성 증대 • 세계 리더십의 변화로 인한 혼선
기술	• 개방 네트워크의 출현으로 전 세계 전문가들 사이의 접근성 증대 • 나노 기술의 확산으로 산업 및 사회 전반에 엄청난 파장 • 정보 과잉으로 소중한 정보가 사이버쓰레기(cyberdust)가 될 위험 상존
사회	• 고령화로 국가 재정 부담의 증대 • SNS로 인한 인간관계 개념의 전면적 변화 • 소비자의 사회적 영향력 증대
경제	• 중국이 장기적으로 세계 경제대국 지위 유지 • 지식이 가장 중요한 자본으로 변화 • 경제에서 장소의 중요성이 점차 소멸
환경	• 기후 변화로 다수 국가들이 갈등에 노출 • 환경 문제에 대한 인식 제고로 집단행동 증가 • 글로벌 기업들의 환경 문제에 대한 책임성 증대

출처: Toffler Associates (2010).

화에 따른 갈등 확대, 환경 문제를 해결하기 위한 집단행동 증가 등이 눈여겨 볼 대목이다. 그중 몇 가지를 중점적으로 살펴보자.

- **NGO:** 국가로부터 자유롭게 움직이는 초국적 행위자로서 국제 NGO를 들 수 있다. 이들은 국가의 경계를 넘어 탈중심적 지역 행위자들로서, 담론과 실천 네트워크를 통해 지구 시민사회를 이룬다. 국민국가들은 지구 시민사회 안에서 NGO들과 정책의 대결, 대체, 강화, 실현 등 다양한 관계를 맺으면

서 견제와 균형을 취한다. 일종의 세계시민정치가 이루어지고 있다.

• **개방 네트워크:** 정보통신기술의 발달에 따른 다대다(多對多)의 커뮤니케이션 기술의 심화가 초래한 개방 네트워크 사회는 의사결정 과정에서 시민의 개입을 증대시킨다. 개방 네트워크 아래에서 중심 세력은 존재하지 않으며, 시민 개개인이 주체가 되면서 서로 간의 접근성이 강화된다. 개방, 공유, 협력을 표방하는 웹 2.0 시대를 맞이하여 개인들은 수동적인 지식의 소비자에서 능동적인 지식의 생산자라는 집단지성으로 등장한다.

• **고령화:** 앞으로 20년 안에 65세 이상 인구가 전체 인구의 절반을 차지하는 초고령사회가 도래한다. 평균 수명 100세 시대를 맞이하여 노령 인구를 경제활동가능인력으로 활용하여 이들의 경험을 노동 현장에 배치할 필요가 있다. 지식기반사회에서 인공지능이 모든 일자리의 30퍼센트 이상을 차지하고 노동 기능의 분화가 나타난다. 미래의 대안은 경쟁력 강화라기보다 노동의 나눔에 있다.

• **기후 변화:** 기후 변화는 환경 문제를 넘어 사회, 문화, 경제, 안보 등 인류의 생존과 연관되어 있다. 강수량의 변화는 자연생태계에 영향을 미쳐 결국 인체에 위협을 가할 수 있다. 말

라리아, 렙토스피라증, 비브리오균, 뎅기열 등 질병 증가가 그 예다. 지구온난화로 인류는 폭염, 한파, 가뭄, 홍수가 교차하는 롤러코스터에 앉아 있다. 특히 식수와 토지를 둘러싼 분쟁은 자원갈등, 식량위기, '인종청소' 등을 야기할 수 있다. 2050년이 되면 전 세계적으로 20억 명의 난민이 발생하고, 이로 인한 급격한 인구 이동은 국경선 강화를 초래할 수 있다.

3.
아시아가 떠오르고 있다

아시아 지역공동체의 협력

세계는 같이 살기에는 넓지만 서로 싸우기에는 좁다고 한다. UN이 2000년 인류의 공영과 발전을 위해 새천년발전목표(MDG)를 설정하여 소기의 성과를 거두었지만, 기대에 비해 실적은 미미했다. 2015년부터 다시금 차세대 MDG라 할 지속가능발전목표(SDG)를 향후 15년 동안 추진하려는 이유와 배경도 오늘날 지구가 빈곤, 기아, 압제, 착취 등으로 여전히 시달리고 있기 때문이다.

유럽의 근대화가 인간의 계몽과 해방에 기여한 것은 부인할 수 없다. 그러나 그것은 중심부의 발전과 주변부의 저발전이라는 빛과 그림자를 동시에 가져왔다. 아시아의 부상은 그런 근대화의 한계를 극복하는 대안적 발전의 이상을 실현할 수 있을 때 가능할 것이다. 그러나 아시아는 하나가 아니다. 중앙, 북부, 동부, 서부, 남부 등 여러 지역으로 이루어져 있다. 최근 아시아의 부상과 함께 이 지역에서의 공동체 건설에 관한 논의가 많이 이루어지고 있다.

지역주의라는 초국가적 공동체의 관점에서 볼 때 아시아는 유럽에 비해 훨씬 뒤떨어져 있다. 비록 EU가 유로존의 위기로 흔들리고 있지만 서구와 북구는 물론이고 남구와 동구를 포용하고 있다는 점에서 지역공동체의 표본을 제공하는 것이다. 위기는 기회라는 말이 있듯이, EU가 오히려 연방주의로 위기의 극복을 시도하고 있는 것이 흥미롭다. 아시아에는 아시아·태평양경제협력

표 2 APEC과 EU, NAFTA의 비교(2009년)

(단위: 천 명, 백만 달러)

구분	NAFTA	APEC	EU
설립 연도	1994년	1989년	1993년
회원국 수	3개국	21개국	27개국
본부	–	싱가포르	룩셈부르크 브뤼셀
전체 면적	21,783,850km^2	62,647,000km^2	4,324,782km^2
인구 (세계 인구 중 비중)	457,285 (6.75%)	2,716,782 (40.10%)	498,643 (7.36%)
GNP (세계총생산 중 비중)	16,329,878 (28.04%)	31,740,310 (54.51%)	16,376,781 (28.13%)
1인당 GDP(PPP)	$35,491	$14,352	$30,388
상품 수출 (세계 총상품 수출 중 비중)	1,602,479 (12.86%)	5,335,987 (42.82%)	1,530,288 (16.18%)
상품 수입 (세계 총상품 수입 중 비중)	2,176,716 (17.21%)	5,483,280 (43.36%)	1,681,118 (17.41%)
서비스 수출 (세계 총서비스 수출 중 비중)	548,875 (16.57%)	1,232,300 (37.21%)	653,690 (26.06%)
서비스 수입 (세계 총서비스 수입 중 비중)	433,291 (13.91%)	1,185,000 (38.05%)	565,441 (23.55%)

자료: WTO 및 APEC 통계 자료를 바탕으로 재구성.

○ **APEC**(Asia-Pacific Economic Cooperation)

1989년 환태평양 국가들의 경제적·정치적 결합을 돈독하게 하고자 만든 국제기구로, 2016년 현재 총 21개국이 참여하고 있다. 1993년부터는 매년 각국의 정상들이 모여 회담을 열고 있다.

체인 APEC(Asia-Pacific Economic Cooperation)과 동남아시아국가연합인 ASEAN(Association for South East Asian Nations)이 있다. 전자가 느슨한 협의기구로서 별다른 진전을 보이고 있지 않은데 비해, 후자는 지역협력이라는 점에서 미래지향적으로 상당히 활발하게 움직이고 있다.

APEC은 아직 느슨한 협의기구에 불과하지만 지역공동체로 전환을 시도하고 있다. APEC을 EU와 북미자유무역협정인 NAFTA(North American Free Trade Agreement)와 비교하면 표 2와 같다. APEC은 전 세계 인구의 40퍼센트, 지표 면적의 32퍼센트, 세계총생산의 54퍼센트, 에너지 소비의 49퍼센트, 그리고 국제 교역의 43퍼센트를 차지하고 있다. 기실 EU와 NAFTA에 비견할 수 없을 정도로 큰 지역공동체의 가능성을 갖고 있는 것이 APEC이다.

APEC이 지역공동체로 거듭난다면 세계경제와 국제관계에서의 비중으로 볼 때 EU와 NAFTA보다 훨씬 영향력이 클 수 있다. 미국이 APEC에서 주도권 장악을 시도하고 있는 것이나, 유럽이 ASEM(Asia-Europe Meeting)을 통해 아시아에서의 입지를 강화하려는 것도 향후 세계경제와 국제관계에서 아시아 대륙이 지니는 커다란 위상과 역할에 기인한다. 아시아 대륙은 자본 투자, 기술 이전, 시장 규모, 인력 충원, 지식 생산에서 세계 여타 지역보다 좋은 조건을 지니고 있기에 미국이나 유럽 못지않은 강한 매력이 있다.

비록 1994년 인도네시아 보고르에서 열린 APEC 정상회의에서 역내 무역자유화에 관한 일정이 합의되었지만(선진국은 2015년, 개발도상국은 2020년), APEC이 실질적인 경제적 지역공동체로 기능하기 위해서는 많은 난관이 앞에 가로놓여 있다. 무엇보다 아시아 지역의 경제적 주도권을 장악하려는 미국·중국의 입장과 일본의 이중적 이해관계로 인해 APEC의 발전적 제도화가 지체되고 있다.

10개국으로 이루어져 있는 ASEAN은 경제협력을 강조하지만 회원국들 사이의 경쟁으로 인해 소기의 성과를 거두지 못하고 있다. 그럼에도 ASEAN은 지역협력을 넘어 순차적으로 경제공동체, 외교안보공동체, 문화공동체를 지향하고 있다. ASEAN은 아시아 지역에서 미국으로부터의 안보적 이해와 중국으로부터의 경제적 이해가 충돌하는 가운데 어느 편에도 가담하지 않는 방식으로 자신의 위상을 높이려 하고 있다.

최근에는 FTA가 다자화되면서 미국을 중심으로 한 환태평양경제동반자협정인 TPP(Trans-Pacific Partnership)에 대항하여 중국이 역내포괄적경제동반자협정인 RCEP(Regional Comprehensive Economic Partnership)를 제안하고 있다(그림 3 참조). 두 나라 각기 아시아 지역의 역내 무역을 장악하려는 의도로 풀이할 수 있다. 미국이 TPP에 중국을 빼고 일본을 끌어들이려 한다면, 중국은 RCEP에 일본의 이해를 받아들이면서 미국을 배제하는 서로 다른 방식의 아시아·태평양권 자유무역지대를 만들려 하고 있는 것이다. 이미 중국은 미국 중심의 아시아 개발은행(Asian Development Bank)에 대항하여 아시아 인프라 투자은

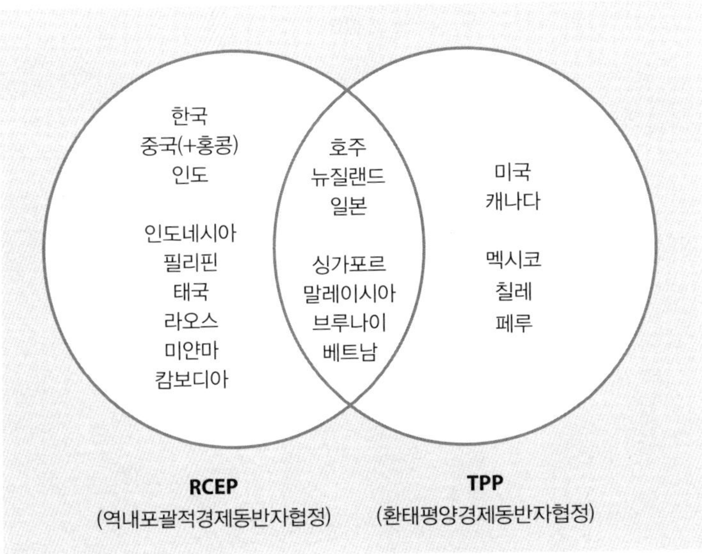

그림 3 RCEP와 TPP

행(Asian Infrastructure Investment Bank)의 설립을 주도하였다. 이를 견제하기 위해 호주는 미국과 함께 G20 안에 글로벌 인프라 허브(Global Infrastructure Hub)를 창설하려고 시도하고 있다.

ASEAN은 경제약소국인 자신들의 입지를 약화시킬 것으로 인식하여 미국의 영향력 아래 있는 APEC에 대해 유보적인 입장이다. ASEAN+3은 아시아 금융 위기에 대처하기 위하여 ASEAN에 한국과 중국, 일본이 가담하는 형식으로 출범했으나, 세 나라는 의사결정권이 없어 서로 의견을 교환하는 정도의 포럼에 그치고 있다. 그럼에도 이 13개국 사이의 역내 교역이 대폭 증가하고 있다는 사실에 주목할 필요가 있다. 다만 향후 아시아 지역에는 ASEAN+3, ASEAN+6(ASEAN+3에 호주, 뉴질랜드, 인

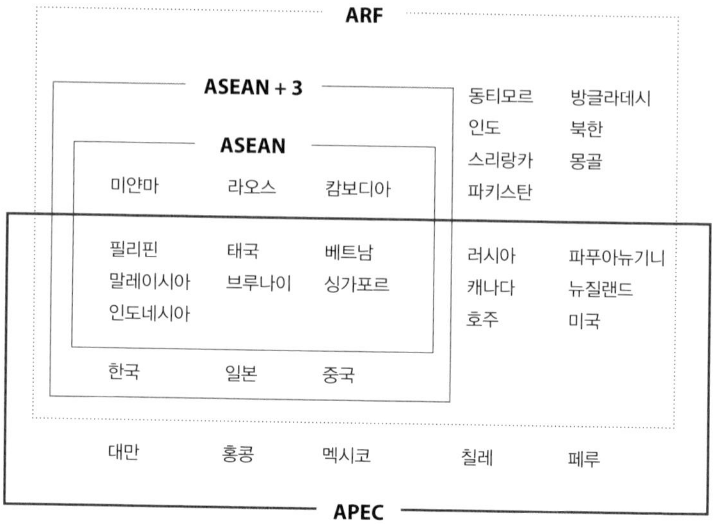

그림 4 아시아의 지역공동체

도 추가), ARF(Asian Regional Forum), EAS(East Asia Summit) 등이 APEC과 병존할 가능성이 짙다(그림 4 참조).

그러나 아시아는 하나의 동일한 문명지대(civilization zone)로 구성되어 있지 않다. 아시아 지역에는 다양한 언어, 인종, 종교가 혼재해 있다. 거의 모든 나라들이 서로 다른 인종적 배경 아래 독자적인 언어를 사용하고 있다. 그리고 아시아는 세계 주요 종교의 발상지로서 유교(한국, 중국, 일본, 베트남, 대만, 싱가포르), 불교(태국), 힌두교(인도), 이슬람교(인도네시아, 말레이시아), 가톨릭(필리핀) 등이 공존하고 있다.

이 지역의 나라들은 정치체제, 경제제도, 사회구조, 문화체계 등에서 서로 많은 편차를 드러내고 있다. 대부분 자본주의 체제이지만 북한처럼 사회주의 국가도 있고, 중국과 베트남처럼 사회주의에서 자본주의로 이행하는 체제전환국도 섞여 있다. 심지어 자본주의 체제 아래에서도 국가개입(한국, 일본, 대만, 말레이시아)에서부터 자유방임(싱가포르, 홍콩)에 이르기까지 다양한 형태가 공존하고 있다. 민주주의, 시민사회, 경제 발전의 측면에서도 다양한 모습을 보이고 있다. 실제로 아시아 지역의 나라들은 발전 수준에서 선진국, 중진국, 개도국으로 나뉜다. 과발전의 비만형 국가군과 저발전의 빈곤형 국가군, 후자에서 전자로 이행해 가는 이행형 국가군으로 구분할 수도 있다. 최근에는 중국, 인도, 인도네시아를 '신흥국'이라 부르기도 한다.

이러한 다양성에도 불구하고 아시아 지역의 국가들은 인접국들과의 끊임없는 접촉, 교류, 교역, 전쟁 등을 통해 역사적으로 오래된 문화적·제도적 연관성을 유지해 왔다. 이런 문화적·제도적 연관성 덕분에 아시아 각국은 서로의 차이에도 불구하고 '아시아'라는 기표 속으로 수렴될 수 있었다. 이것이 바로 아시아 지역의 특징이자 유럽을 비롯한 다른 지역과의 변별점이다. 과거 인도에서 발원한 불교가 중국을 거쳐 한국과 일본으로 전파되었고, 중국에서 생성된 유교가 베트남, 한국과 일본으로 보급된 바 있다. 또한 일본의 산업화 모델에 기반하여 후발 국가들은 선발 국가들의 발전 경험을 전수받아 각기 나름대로 독특한 경제 발전을 이루어 나가고 있다.

아시아와 유럽의 발전 경로

아시아와 유럽은 발전 방식과 경로에서 서로 대조적이다. 아리기(Giovanni Arrighi)는 애덤 스미스(Adam Smith)의 설명을 원용하여 중국과 네덜란드를 비교한 바 있다. 네덜란드가 '부자연스럽고 퇴보적'이라고 불리는 유럽식 발전 방식과 경로를 좇았다면, 중국은 '풍요로 가는 자연적 진보'라는 아시아적 발전 방식과 경로를 따랐다는 것이다.

애덤 스미스가 지적한 중국의 자연적 과정이란 자본이 우선 농업에, 그 다음으로 제조업, 그리고 마지막으로 외국 무역에 투자되는 것이다. 그리고 "인간이 만든 제도가 […] 사물의 자연적 과정을 결코 방해하지 않는다면, 부의 증대와 도시의 증가는 영토 혹은 지역의 개선과 교화에 비례하여 모든 정치·사회에서 필연적으로 나타날 것이다." 이와 달리 유럽의 근대국가들에서는 정반대의 자연적 성장 과정이 나타났다. "우선 약간의 외국 무역을 하는 도시가 좀 더 정교한 제조업이나 원거리 판매에 적합한 제조업을 도입했으며, 그 다음으로 제조업과 외국 무역이 농업에서 주요한 개선을 가져왔다."라고 애덤 스미스는 파악한다(Smith, 1961: 403-405; Arrighi, 2007: 57에서 재인용).

애덤 스미스는 중국의 국내 시장이 유럽의 모든 나라의 시장을 합친 것보다 크다고 보았다. 그러므로 만일 이처럼 거대한 국내 시장이 무역을 통해 세계 다른 지역의 해외 시장과 연결되어 있었다면, 중국의 제조업자들은 더욱 늘어나고 그들의 생산력은 더욱 발전했을 것이라고 예상했다. 나아가 좀 더 폭넓은 항해가 이루어졌다면 중국인들은 세계의 다른 모든 지역에서 실행되는 기술과 산업상의 여러 개선뿐만 아니라 다른 나라에서 사용되는 각종 기계를 사용하고 제작하는 기술까지도 습득했을 것이라고 언급했다(Smith, 1961: 106; Arrighi, 2007: 58에서 재인용). 왜 중국은 해양을 통한 외국 무역에 나서지 않았을까? 오늘의 중국이 세계의 공장으로서 온갖 소비재와 생산재를 만들어 해외에 내다 팔고 있다는 사실은 매우 흥미롭다. 즉, 서세동점(西勢東漸) 이후 서구의 제국주의적 팽창의 희생물이 되었던 중국이 과거로부터 어떤 교훈을 얻고 있다고 가정할 수 있다.

지금으로부터 500여 년 전 중국은 정화(鄭和)가 이끄는 엄청난 규모의 함대를 보유하고 있었다.[6] 서양인들은 콜럼버스를 가장 좋아하고 반대로 칭기즈칸을 가장 싫어하는 것으로 알려져 있다. 여기에는 신대륙을 발견한 콜럼버스에 대한 경의의 표현과 함께 유럽을 유린한 칭기즈칸에 대한 마음의 상처가 담겨 있다고 볼 수 있다. 만일 1405년에서 1433년까지 일곱 차례에 걸쳐 동남아시아와 인도양을 횡단한 정화의 함대가 명나라 왕조로부터 제한을 받지 않았다면 정화는 동양판 콜럼버스가 되었을지도 모른다. 한 역사가는 "만약 중국이 계속해서 탐험적인 항

6 배수량 3,000톤에 이르는 보선(寶船)은 길이가 150미터에 달했고, 선폭 60미터에 9개의 돛대를 가졌다. 바스코 다 가마의 300톤 기함은 비교가 되지 않는다. 이를 모함으로 60여 척의 대형 함선과 100여 척의 소선에 연 2만 7,000명의 장병을 통솔했다(주경철, 2008: 139-140 참조).

해 선단을 해외로 보냈다면, 콜럼버스가 카리브제도에 어물거리고 있기 수십 년 전에 중국의 정화 함대는 일본 해류를 타고 샌프란시스코 만에 들어갈 수 있었을지도 모른다."라고 적고 있다(McNeill, 1998: 229; Arrighi, 2007: 320에서 재인용).

역사적으로 세계의 헤게모니를 쥔 제국은 육상세력과 해상세력을 동시에 장악했다는 공통점이 있다. 로마제국, 페르시아제국, 무굴제국 등이 그 좋은 예다. 정화의 함대는 무려 30년에 걸쳐 동남아시아에서 아라비아를 거쳐 아프리카 동부 등 30여 개 나라를 돌아다녔다. 하지만 그의 함대가 가져온 것은 사자, 기린, 얼룩말과 같은 이국의 동물이거나 타조 깃털, 거북이 껍질처럼 진기한 물품에 지나지 않았다(주경철, 2008: 15, 243, 509-510). 이는 사금, 보석과 같은 값비싼 재화나 감자와 같은 귀중한 식물을 가져온 콜럼버스와 비교된다. 특히 중국이 식민지 건설에 전혀 관심이 없었다는 사실은 유럽과 극명하게 대조를 이룬다.

아리기는 정화의 인도양 원정이 비용에 비해 수익이 낮았다고 파악한다. 북방 유목민의 군사적 위협에 대처하려 했던 중국 내부 사정도 있었지만, 보다 중요한 사실은 원거리 무역을 통한 부의 축적보다 국내 시장을 중시하는 비대칭이 있었다는 것이다(Arrighi, 2007: 321). 이러한 비대칭이 아니었다면 정화는 "아프리카를 돌아서 항해를 계속하여, 항해 왕자 엔리케의 원정대가 세우타의 남쪽으로 들어가기 수십 년 전에 포르투갈을 '발견'했을 것이다"(Kennedy, 1987: 7).

유럽과 달리 아시아의 발전 경로는 내향적이었다. 대항해는 외국 무역에 대한 국가 통제력을 확대하는 것이다. 그러나 중국은 국내 교역을 강조했지만 민간의 해상 통상은 제한했고, 무슬림 상인들의 왕성한 해상 통상에 대한 갈구에도 불구하고 국가의 해군력이 이를 뒷받침해 주지 못했다. 바로 유럽이 이 공백을 메웠던 것이다. 15세기 중반 중국의 해금(海禁) 정책은 유럽의 대항해와 함께 아시아에서 유럽으로의 헤게모니 이동을 가져온 결정적 전기가 되었다(Abu-Lughod, 1989: 321-322).

다시 강조하자면, 유럽의 발전이 외향적이었다면 아시아의 발전은 내향적이었다. 나는 모든 국가가 힘과 시장이라는 서로 다르면서도 깊이 연관되어 있는 논리에 의해 움직인다고 본다.[7] 이 점에서 유럽의 발전 경로는 힘의 논리에 의해 안팎으로 영토적 확장을 꾀하면서 시장의 논리에 의해 부의 축적을 확대하는 자본주의로 귀결되었다고 볼 수 있다. 이와 대조적으로 중국의 발전 경로는 힘의 논리가 시장의 논리와 별도로 작용하면서 영토적 확장과 부의 축적은 분리될 수밖에 없었다. 유럽에서의 자본주의 형성은 군사력에 입각한 영토적 확장과 부의 축적의 확대가 동시에 이루어지면서 제국주의로 나아갔다. 그러나 중국에서는 힘의 논리와 시장의 논리가 서로 분리되면서 자본주의 형성은 이루어질 수 없었다고 추론할 수 있다.

아리기의 생각도 비슷하다. 그는 유럽식의 '자기강화적 주기(self-reinforcing cycle)'가 중국에는 없었다고 파악한다. 유럽은

7 이에 관한 서로 다른 해석으로 Harvey(2003)와 Arrighi(1983)를 참조할 것.

동아시아의 삼걸(왼쪽부터 이하응, 리훙장, 이토 히로부미)

서로 경쟁하는 유럽 안의 국가들이 군사기구를 만들고 그것들이 유럽 바깥의 다른 나라들을 탈취하기 위하여 팽창하고 또한 그러한 팽창에 의해 도움을 받았다. 그러나 아시아에는 이러한 자기강화적 주기가 보이지 않았다(Arrighi, 2007: 315-316, 318). 아시아 국가 간에 전쟁이 없었던 것은 아니지만 체제 안의 군사적 경쟁과 체제 밖으로의 지리적 팽창은 유럽에 비해 뚜렷하게 나타나지 않았다고 할 수 있다.

유럽의 팽창이 아시아 대륙으로 향하던 서세동점의 시기에 동아시아에 이른바 '삼걸(三傑)'이 있었다. 한국의 이하응(李昰應), 중국의 리훙장(李鴻章), 그리고 일본의 이토 히로부미(伊藤博文)가 그들이다. 메이지유신 이후 이와쿠라 사절단(岩倉使節團)의 일원으로 유럽과 미국을 둘러본 이토 히로부미는 새로운 문물과 제도에 감동을 받았다. 이는 일본으로 하여금 탈아입구(脫亞入歐)를 통해 근대화를 달성하고 아시아 지역을 신동아공영권의 질서에 편입시키려는 야욕으로 이어졌다. 상하이 앞바다에서 영국 함대의 막강한 무력시위를 목격한 리훙장은 청의 군사력을 선진화시켜야겠다는 결심을 하기에 이르렀다. 그러나 중국의 동도서기(東道西器)를 통한 근대화는 유럽의 제국주의와 일본의 아(亞)제국주의(sub-imperialism)를 당해낼 수 없었다. 유럽이나 인접한 중국과 일본의 변화에 둔감했던 조선의 이하응은 쇄국주의를 통한 개혁을 시도했다. 그러나 기득권을 바탕으로 한 법고창신(法鼓創新)은 조선의 주권을 지켜내기에는 역부족이었고 결국 한국은 일본의 식민지로 전락하고 말았다.

아시아의 과거 발전 경험은 외향적이지 않았다. 물론 군사적 팽창은 있었지만 경제적 지배를 통한 식민지 건설과 연결되지 않았다는 독특한 모습을 보여 준다. 지금이나 예전의 유럽의 발전 경험과는 극명하게 대조를 이루는 점이다. 유럽은 자심적 발전(self-centered development)의 동력을 서세동점을 통해 아프리카, 라틴아메리카, 아시아로 뻗쳐 나갔다. 이 와중에서 가장 늦게 유럽과 대면한 아시아는 자심적 발전의 기제를 상실하고 거의 모두가 식민지화되었던 것이다. 한국을 식민화하고 중국을 반(半)식민화시켰던 일본만이 예외였다.

4.
미국과 중국이 부딪치고 있다

경제대국을 향한 중국의 야심 찬 도전

이미 중국은 유럽을 제치고 미국과 대등하게 세계 정상인 G2에 올랐다. 하지만 이에 그치지 않고 신(新)천하주의 세계관 아래 미국에 도전장을 내밀고 있다. 2013년 6월 열린 미·중 정상회담에서 미국 오바마 대통령의 아시아 재균형 전략에 대해 신형(新型)대국관계론으로 대응하면서, 시진핑(習近平) 주석은 미국과 협력하는 한편 힘을 길러 중국의 위상을 높이겠다는 의지를 나타냈다. 중국 공산당 창립 100주년을 맞이하는 2021년에 중국은 미국을 대신하여 세계 유일무이의 초강대국이 되려는 야심을 품고 있는 것이다.

최근 신화통신은 미국을 '위선국'이라고 지칭하면서 "미국 중심의 팍스 아메리카나(Pax Americana) 아래에서 우리는 미국이 세계에서 벌어지는 폭력과 갈등을 해결하거나 빈곤과 오염을 없애고 실질적인 평화를 가져온 사례를 보지 못했다."라고 비판했다. 미국의 정부폐쇄와 국가부도를 보고 이제 중국이 나서 세계에 목소리를 높일 것을 시사하고 있다. 기실 미국의 국채 총 5조

○ 신형대국관계론

신흥국과 기존 패권국의 무력충돌을 통한 패권 전이(轉移) 방식은 이제 역사 속으로 사라졌고 미국과 중국이 대화와 협력을 통해 상호 공영하자는 것이 신형대국관계론의 핵심이다. 중국이 이를 강조하는 이유는 급부상 과정에서 있을지도 모르는 미국과의 패권 충돌을 피하기 위해서다.

5,901억 달러 가운데 중국이 1조 2,773억 달러, 일본은 1조 1,354억 달러를 보유하고 있다.[8]

오래전 마오쩌둥(毛澤東) 시절 미국과 구(舊)소련 사이에서 두 강대국을 제외한 모든 나라를 자본주의와 사회주의를 가리지 않고 '제3세계'라고 지칭하고 스스로 그 지도국을 자처했던 후발 개발도상국의 처지는 옛이야기가 되어 버렸다. 이제 중국은 신흥국이라 불리지만 더 이상 개발도상국이 아니며 발전중대국(發展中大國)이라 할 수 있다.

세계은행과 중국 국무원 산하 발전연구중심이 2014년에 공동으로 펴낸 『중국 2030』은 2030년이 되기 전에 중국이 미국을 제치고 세계 1위의 경제대국이 될 것으로 전망하고 있다. 일본을 제친 중국이 유럽조차 밀어내고 미국을 추월할 날도 얼마 남지 않았다는 전망이다. 세계에서 가장 많은 3조 7천억 달러를 현금으로 보유하고 있는 중국은 이미 IMF에서 지분율 3.65퍼센트를 6.99퍼센트로 늘려 세계 경제에서 세 번째로 영향력을 갖는 국가가 되려 한다. 위안화를 아시아 지역의 중심통화로 만들고 차후 달러, 유로화와 함께 3대 기축통화로 자리 잡으려 하고 있다.

경제라는 하드파워에 문화라는 소프트파워를 보태어 진정한 대국이 되려는 시도는 오늘날 유럽, 북미, 남미, 아시아, 아프리카, 대양주에 개설해 놓은 300여 개에 달하는 공자학원(孔子學院)

8 한국의 보유액은 514억 달러다.

아시아의 미래

낙관적 시나리오

1. 중국이 미국을 제치고 세계 최대 경제국이 된다.
2. 일본의 재기, 통일 한국의 등장과 함께 아시아의 글로벌 지배력은 유럽과 미국을 넘어설 수 있다.
3. 유로존 붕괴에 따른 EU의 해체와 유럽의 혼란, 기후 변화로 미국의 식량 생산에 차질이 발생한다.
4. 한국, 중국, 일본은 화해와 상생을 위한 지역공동체에 다가설 수 있다.

비관적 시나리오

1. 중국은 세계적인 경제강국이 될 수 있지만 결코 미국을 제칠 수 없다.
2. 일본의 쇠퇴, 분단 한국의 한계로 인해 아시아가 유럽과 미국을 넘어선 패권 행사는 어렵다.
3. 중국의 식량 문제, 일본의 원전폐해, 북한의 핵개발에 따른 동북아의 긴장 등 아시아는 위험 요소를 안고 있다.
4. 중국과 인도는 낙후한 정치·경제 시스템으로 지속적 성장이 둔화된다.

에서 그 모습을 잘 엿볼 수 있다.[9] 중국은 자신의 문화적 전통에서 보편적 가치를 끌어내고, 동시에 세계 문명이 지닌 보편적 가치를 중국에 맞게 바꾸려는 야심 찬 신(新)천하주의를 추구하고 있는 것이다.

9 최근 캐나다, 인도 등에서 공자학원이 중국어 강의 등 고유의 목적을 넘어 정치적 활동을 하고 있다는 점에서 일부 학원을 폐쇄하고 있다.

중국은 명분상 화평굴기(和平屈起)를 내세우고 있지만, 육상의 실크로드와 해상의 실크로드를 합친 '일대일로(一帶一路)' 정책에서 볼 수 있듯이, 과거 명청 시대 중국 제국의 영광을 복원하기 위해 아시아에서 유럽으로 이어지는 대중국경제권 건설을 시도하고 있다.

미국에 맞서는 중국의 군사력

실제로 중국은 군사력에서 미국을 견제하고 더 나아가 헤게모니를 장악하겠다는 야심을 보이고 있다.[10] 물론 중국은 미국에 비해 아직 대양해군(大洋海軍)을 보유하고 있지 못하여, 중국의 앞바다라 할 동중국해와 남중국해에서도 밀리고 있는 형편이다. 2011년 중국의 군사비는 1,500억 달러로 미국(7,412억 달러)의 20퍼센트 수준에 불과했다. 그러나 미국이 2013년부터 재정적자를 줄이기 위해 매년 17퍼센트씩 군사비를 줄이는 반면, 중국이 매년 10퍼센트씩 군사비를 늘려 나간다면 2020년에 이르러 미국과 중국 사이의 군사력 격차는 없어지고 대등해질 수 있다.

10 2006년 중국의 CCTV-2가 〈대국굴기(大國崛起)〉를 방영한 이후 중국은 외부의 시선을 의식하여 '화평굴기'라는 표현을 쓰다가 그것마저 경계심을 불러일으킨다는 점에서 과거 덩샤오핑이 지적한 대로 '화평발전'이라는 용어를 사용하고 있으나 여전히 '화평굴기'를 선호하고 있는 것으로 보인다.

중국은 일본-오키나와-대만-필리핀으로 이어지는 제1도련(first islands chain) 다음으로 일본 홋카이도-괌-호주-뉴질랜드-남중국해로 이어지는 제2도련 밖으로 미국의 해군력을 밀어내기 위한 지역거부전략에 따라 비대칭능력을 키우는 데 주력해왔다. 아직 초보 단계이지만 2012년 중국 최초의 항공모함인 랴오닝함을 취역(就役)한 중국은 항공모함 2척을 자체 개발하고 있다. 원양방어를 위해 마얀마 시트웨, 방글라데시 치타공, 스리랑카 콜롬보 및 함반토타, 파키스탄 과다르 등 인도권 나라의 항구에 대규모 투자를 하면서 가능하면 빠른 시일 안에 인도양에 항모전단(航母戰團)을 배치하고 자원수송망을 갖추려 하고 있다(김태현, 2013: 147).

항모전단이 순양함, 구축함, 잠수함과 함께 함재기를 중심으로 독립된 기동성을 가짐으로써 한반도 지역도 그 영향권에서 벗어나기 어렵다. 이와 함께 탄도미사일과 순항미사일 개발, 대함미사일을 장착한 전폭기와 잠수함 배치, 정찰위성의 배가를 위해 노력하고 있다. 이런 가운데 1,500킬로미터나 떨어져 있는 미국의 항공모함을 격침할 수 있다는 탄도미사일 DF-21D를 실전 배치한 것으로 알려졌다.

5.
한국과 중국, 일본은 어디로

발전주의 국가의 길

제2차 세계대전 이후 한국과 중국, 일본은 서로 비슷한 발전의 길을 걸어 왔다. 일본은 경제와 사회를 재조직하면서 정부의 지도 아래 기업을 매개로 대외지향적 발전 전략을 추구했다. 한국도 일본의 발전주의 국가(developmental state) 모델을 수용하여 급속한 경제 성장을 추진했다. 개혁·개방 이후 중국의 지속적 경제 성장도 그 연장선상에 있다고 볼 수 있다. 아시아 지역의 '네 마리의 용'이나 '다섯 마리의 호랑이'도 결국 국가의 주도 아래 수출 증진을 통한 산업화라는 방식을 추구하고 있다.

발전주의 국가 모델의 일반적 특징은 정부의 개입과 지도, 장기적인 경제개발계획의 수립, 급속하고 지속적인 경제 성장, 훌륭한 교육 제도, 값싸고 풍부한 양질의 노동력, 전략적인 산업·금융 정책 등이다. 발전주의 국가는 전후 1950년대 일본의 경제 회복과 부흥을 가져왔고, 1970년대에서 1990년대에 이르기까지 한국의 급속한 경제 발전에 기여했으며, 그리고 1990년

○ 발전주의 국가

제2차 세계대전 후 국가 주도로 산업화에 성공한 일본을 위시하여 한국, 중국, 대만, 싱가포르 등에서의 국가의 역할과 성격을 규정하기 위한 개념이다. 이 개념에 따르면 동아시아의 경제 성장 과정에서 국가의 역할은 자유방임적 '최소국가'에 머무르지 않았으며, 국가 경제 관료들이 산업정책을 통해 경제적 자원 배분에 적극적으로 개입하여 경제 발전을 선도하는 특징을 보인다.

대에서 지금까지 산업화를 통한 중국의 지속적 성장을 이끌어 왔다고 평가할 수 있다.

이러한 발전주의 국가 모델은 세계화의 물결 아래 수명을 다한 것으로 생각되는 경향이 있다. 신자유주의적 세계화 시대에 정부의 역할 축소와 시장의 기능 확대가 일어나고 있기 때문이다. 대내외적으로 국가의 정책적 입지가 약화되고 있는 가운데 초국적 자본과 연계된 기업의 위상 강화는 노동조합의 약화와 함께 이전과 같은 신중상주의적 발전주의 국가의 작동을 어렵게 만들어 온 것이 사실이다. 그러나 역설적이게도 세계화의 양극적 결과에 따라 사회복지 제공, 이해갈등 조정, 하부구조 건설 등을 위해 국가가 적절히 나서야 할 필요성이 커지고 있다는 점에서 발전주의 국가는 사라지고 있는 것이 아니라 새로운 형태, 즉 후기 발전주의 국가(post-developmental state)로 다시 태어나고 있다고 볼 수도 있다.

그러나 후기 발전주의 국가 모델은 아직도 뚜렷한 자기 모습을 드러내지 못하고 있다. 아시아 지역의 한국과 중국, 일본은 미국의 자유주의 발전 모델과 유럽의 사회적 권리 발전 모델의 장점을 수용하되 그 이상의 발전관을 마련해야 한다는 과제를 안고 있다. 아시아의 미래 발전이 정부와 시장의 조화 위에 성장과 복지를 성취할 수 있는 인간-환경 친화적 발전 모델을 제시할 때 서구에 대한 대안으로 자리 잡을 수 있을 것이다.

한국과 중국, 일본의 국제적 위상은 높은 편이다. 흥미롭게도 2014년 현재 중국 3조 7천억 달러, 일본은 2조 7천억 달러, 그리

표 3 세계 조강생산량 순위(2011년) (단위: 천 톤)

순위	국가	조강생산량	순위	국가	조강생산량
1	중국	683,265	6	한국	68,471
2	일본	107,595	7	독일	44,288
3	미국	86,247	8	우크라이나	35,332
4	인도	72,200	9	브라질	35,162
5	러시아	68,743	10	터키	34,103

출처: World Steel Association (2011).

고 한국은 3,500억 달러라는 엄청난 규모의 외환을 보유하고 있다.[11] 역사적으로 '공업의 쌀'이라 일컬어지는 철(鐵)의 사용량에 따라 산업화의 성패가 갈리곤 했다. 후발 발전국이 조강 능력 제고를 통해 선발 발전국을 따라잡으려 한 지난날의 산업화 경험이 이를 잘 웅변해 준다. 과거 독일이 영국을, 미국이 유럽을, 그리고 일본이 유럽과 미국을 따라잡기 위해 철강산업을 키우려 했다. 한국도 1968년 포항제철의 출범과 함께 본격적인 산업화의 도정에 들어섰다. 표 3이 보여 주듯이, 현시점에서 중국의 조강 능력은 세계 최대이고, 그 뒤를 일본, 미국, 인도, 러시아, 한국이 따르고 있다. 마찬가지로 21세기 공업의 쌀이라 할 반도체의 생산량을 보면, 한국과 일본이 세계의 선두를 달리고 있으며,

11 세계 10대 외환보유국에는 아시아 지역에서 중국, 일본, 러시아, 대만, 인도, 한국, 홍콩, 싱가포르 등 8개국이 포함되어 있다. 나머지 두 나라는 브라질과 스위스이다.

표 4 세계 10대 반도체 생산 기업

순위			기업	국가	전체 판매량 (billion dollar)	2010/2009 변동률	시장 점유율
2011	2010	2009					
1	1	1	Intel Corporation	미국	40,020	+24.3%	13.2%
2	2	2	Samsung Electronics	한국	28,137	+60.8%	9.3%
3	4	4	Texas Instruments	미국	12,966	+34.1%	4.3%
4	3	3	Toshiba Semiconductors	일본	13,081	+26.8%	4.3%
5	5	9	Renesas Electronics	일본	11,840	+129.8%	3.9%
6	9	6	Qualcomm	미국	7,200	+12.3%	2.4%
7	7	5	ST Microelectronics	프랑스 이탈리아	10,290	+20.9%	3.4%
8	6	7	Hynix	한국	10,577	+69.3%	3.5%
9	8	13	Micron Technology	미국	8,853	+106.2%	2.9%
10	10	14	Broadcom	미국	7,153	+7.0%	2.3%

주: 전체 판매량, 2010/2009 변동률, 시장점유율(2010년 기준).
출처: 위키피디아, 연도별 반도체 기업 순위.

세계 10대 반도체 생산 기업 중에는 한국과 일본 기업이 네 개나 올라 있다(표 4 참조).

중국은 더 이상 잠자는 사자가 아니다. 2001년 WTO(World Trade Organization) 가입을 전기로 유인 우주선 선저우(神舟) 개발에 성공한 중국은 2008년 베이징올림픽과 2010년 엑스포를 개최하면서 대내외에 세계 강국의 위상을 굳히려 하고 있다. 중국은 가까운 시일 안에 50여 개 기업을 세계 500대 기업으로 키우

겠다는 야심 찬 계획을 세우고 있다. 최근에는 항공모함을 건조하여 태평양은 물론이고 인도양 진출을 꾀하고 있고, 미국과 구소련 다음으로 무인탐사선 창어(嫦娥) 3호를 달에 착륙시키는 데 성공하였다.

중국은 신천하주의에 입각하여 아시아 지역은 물론이고 전 세계를 겨냥한 패권 국가로 나아가려 한다. 2010년 중국의 경제는 일본을 따라잡았고 GDP에서 세계 2위로 올라섰다. 이러한 추세로 간다면 빠르면 앞으로 3년 안에 중국이 미국의 GDP를 따라잡을 것으로 예상할 수 있다. 그러나 동시에 IMF는 중국이 10년 후 노동 과잉에서 부족으로 바뀌는 '루이스변곡점(Lewis Turning Point)'을 맞아 사회적 양극화가 진행되고, 임금 상승과 수익 축소, 투자 감소에 직면하여 성장의 한계에 마주할 것으로 전망하기도 한다.

중국은 GDP가 세계 2위라 하더라도 1인당 GDP가 여전히 세계 100위권 밖에 있는 빈국이다.[12] 나라는 부유한데 국민은 가난하다. 사회적 양극화는 도시와 농촌 사이를 넘어 도시와 농촌 내부에서도 심각하게 나타나고 있으며, 계층적 위화감이 커지고 있다. 중국 정부가 '온포(溫飽)'에서 시작하여 '소강(小康)'과 '화해(和諧)'를 거쳐 '민부(民富)'로 정책적 방향을 바꾸고

12 2010년 중국의 GDP(5조 8,786억 달러)가 일본(5조 4,742억 달러)을 제치고 세계 2위로 발돋움했으나, 중국의 1인당 GDP(4,412달러)는 일본(42,431달러)의 10의 1 수준이다. 2009년 통계에 따르면 중국 1인당 GDP는 3,678달러로서 전 세계 213개국 중 124위를 기록하였다(중앙일보, 2011. 2. 16).

있는 까닭이다. 시진핑 시대를 맞이하여 경제 거품 제거와 부정부패 척결이 우선 과제로 등장하고 있다. 그럼에도 2011년 중국은 브릭스포럼(BRICs Forum) 정상회의와 보아오포럼(Boao Forum for Asia) 연차 총회를 통해 아시아적 가치 아래 역내 국가들의 다양성을 존중하면서 각국의 실정에 맞는 '포용적 발전(inclusive development)'을 주장하고 있다. 비록 워싱턴 컨센서스를 대체하기까지 베이징 컨센서스가 가야 할 길은 멀지만, 이를 위한 전 세계적 포석을 놓고 있다. 특히 아시아에 관한 한 중국은 미국과 함께 '규칙제정자(rule maker)'로서 공동 관리에 나설 것으로 보인다.

일본은 경제적으로는 거인이지만 정치적으로는 난쟁이에 가깝다. 일본은 유사법제를 통한 재무장을 발판으로 기존의 경제적 능력에 보태어 외교적·군사적 입지를 넓히려고 시도해 왔다. 그러나 일본은 최근 6년 동안 여섯 명의 총리가 바뀌었고, 집권기간이 거의 모두 1년 안팎이어서 정치적 리더십이 취약한 실정이다. 여전히 이익집단이 국회를 지배하는 상황에서 국가 쇄신을 위한 개혁을 추진하기란 어렵다.

워싱턴 컨센서스(Washington Consensus)

1990년대 초 IMF와 세계은행, 미국 내 정치경제 학자들과 행정부 관료들의 논의를 거쳐 정립된 미국식 시장경제체제의 대외확산전략을 말한다. 정부의 간섭을 배제하는 탈규제화를 비롯해 긴축재정, 무역자유화, 자본자유화, 민영화를 골자로 한다.

오늘의 일본은 아직도 막강한 기술과 풍부한 자본으로 '잃어버린 20년'을 끝내고자 노력하고 있다. 이런 상황에서 등장한 것이 이른바 '아베노믹스(Abenomics)'다. 정체된 성장을 극복하기 위해 금융통화를 완화하고 재정지출을 확대하는 정책으로, 이를 통해 디플레이션과 엔고(円高) 탈출을 막아 보자는 것이다. 나아가 한미 FTA로부터 오는 불리함을 만회하기 위해 미국 등 일련의 태평양 연안국가들과 환태평양경제동반자협정인 TPP(Trans-Pacific Partnership)를 추진하고 있다.

아베노믹스는 엔화의 화폐가치를 약화시켜 수출과 내수를 늘림으로써 일단 경기를 살리는 데 효과가 있었고, 그 결과 지난번 중간선거에서 자민당은 의회를 장악할 수 있었다. 그러나 이러한 '자산가치 부양조치(asset bubble economy)'는 더욱 늘어난 일본의 국가부채로 인해 국제시장에서 금리인상을 가져오고 끝내 인플레이션으로 반전해 세계경제의 위기를 다시 불러올 수 있다. 이러한 일본의 이기적 경제정책은 국수주의적 외교정책과 함께 인접 국가들과의 갈등을 증폭시키고 있다. 최근에는 나치 방식의 헌법개정도 불사하겠다고 하면서, 중국과 한국에 대해 식민지 시대의 역사적 과오를 반성하기는커녕 오히려 합리화하는 퇴행적인 모습을 보이고 있다. 군국주의가 부활하고 있는 것이다.

지역공동체 모색에서 한국의 역할

한국은 산업화와 민주화를 동시에 이루어냄으로써 국제적 위상을 높여 왔지만,[13] 여전히 분단국가로서 한계를 지니고 있다. 한국은 세계 경제 규모 2위인 중국과 3위인 일본 사이에 끼여 팽창주의를 지향하는 인접 국가들과 달리 상생과 조화를 위한 균형자의 역할을 시도하고 있다. 그러나 분단국가이자 중견국(middle power)인 한국은 중국과 일본에 비하면 상대적으로 열세임에 분명하다. 그럼에도 2010년 G20 정상회의의 주최국으로서 선진국과 개발도상국 사이에서 교량적 역할을 시도한 것처럼 오늘의 국제관계와 세계경제에서 일정한 위상을 지니고 있다.

동북아시아 지역의 긴장과 갈등을 협력과 상생으로 이끌어가기 위해서는 지역공동체 건설이 중요하다. 옛날부터 동북아시아 지역에서 경제적 교류와 군사적 충돌이 있었던 것은 EU와 다를 바 없지만, 강력한 국가주의의 전통 아래 종교적으로나 정치적으로나 통합의 역사를 경험하지 못했다는 점에서 동북아시아는 유럽과 현격한 차이를 보인다. 동북아시아는 원래 중국문명권 아래 한국, 중국, 일본이 나름대로의 문화를 개화시켜 왔다. 고대로부터 한국, 중국, 일본이 문화적 교류와 접변을 통해 각기 독자성을 지니는 문명을 만들어 왔으나 그 본류는 역시 중

13 한국은 2014년 기준으로 세계 7위의 수출국가이자 세계 9위의 무역국가이며, GNP에서 세계 17위를 차지하였다.

국이라 할 수 있다. 이러한 문화적 교류와 접변의 과정에서 한국이 중국과 일본 사이에서 교량 역할을 한 것은 잘 알려져 있다. 과거 한·중·일 세 나라를 이어 주었던 불교의 전파가 그 좋은 보기가 될 것이다.

지역공동체 모색 과정에서 한국의 역할을 강조한 것은 한국이 중국이나 일본과 달리 예전이나 지금이나 대국주의와는 거리가 멀고, 오히려 그 피해자일 수 있기 때문이다. 따라서 오늘날 동북아시아에서 강하게 부상하고 있는 국가주의와 민족주의의 재등장을 극복하기 위해 한국이란 나라의 시대적 소명이 도출될 수 있다. 물론 한국이 중국과 일본의 국가주의를 견제하고 포용하기에는 국력 면에서 역부족인 것도 사실이다. 그럼에도 불구하고 이러한 한국의 비팽창주의적 입장이 중국과 일본에 대해 도덕적 차원에서 헤게모니적 우위를 가질 수 있다는 역설에 주목하고 싶다.

동아시아 지역공동체 건설을 위해서는 정부와 민간 차원의 교류와 협력을 통해 대화와 소통을 늘려 나가는 것이 중요하다. 이를 위해 나는 두 가지를 제안하고 싶다. 하나는 정부 차원의 '한·중·일 역사문화회의'(가칭)의 구성이고, 다른 하나는 민간 차원의 '한·중·일 시민사회포럼'(가칭)의 결성이다. '한·중·일 역사문화회의'에는 세 나라 정부의 각료급을 포함한 실무자들 사이의 정기적인 회의를 통해 한국과 중국, 일본 사이의 현안이라 할 역사왜곡과 영토분쟁은 물론이고 환경협력, 문화교류 등에 대해 논의할 수 있다. 이 과정에서 외국의 경험을 참고할 수 있고, 공통 역사 교과서의 개발이나 환경보호를 위한 의정서를 도출할 수도 있다. '한·중·일 시민사회포럼'에는 세 나라 시민사회의 주요한 NGO들이 정기적인 회의 외에도 필요할 때 수시로 만나 과거와 미래를 현재의 시점에서 연결할 수 있는 각종 경제, 사회, 문화, 환경 등의 현안에 관해 의견을 개진할 수 있을 것이다. 정부와 민간 차원의 네트워크 강화는 결국 대화와 소통의 통로로서 큰 역할을 해낼 것으로 기대된다.

인터뷰 1.

중국은 미국을 넘어설 것인가

후안강에게 듣는다

후안강(胡鞍鋼)

중국 칭화대 공공관리학원 교수

1982년 허베이성 당산공학원 졸업
1984년 베이징과학기술대 석사
1988년 중국과학원 공학 박사
2000년 칭화대 국정연구센터 주임 겸
공공관리학원 교수
2004년 러시아과학원 명예 경제학 박사

* 이 인터뷰는 후안강 교수가 필자의 서면 인터뷰에 답변한 내용을 대담 형식으로 재구성한 것이다. 인터뷰 내용의 번역에는 서울대학교 아시아연구소 신혜선 박사의 도움이 컸음을 밝혀 둔다.

이번 18대 전인대에서 시진핑-리커창 시대가 본격화됐습니다. 선생님도 21세기 20년간, 즉 2020년까지의 시점이 중국 발전에 매우 중요한 '전략적 기회(战略机遇期)'라고 말씀하셨습니다. 전인대에 대한 논평과 향후 시진핑 시대에 대한 전망, 그리고 2020년까지 중국이 역점을 두어야 할 부분은 무엇이라고 생각하시는지요?

일찍이 2002년의 16대 보고에서 명확히 제시된 바와 같이 "21세기의 첫 20년은 중국에 있어서는 무조건 붙잡아야 하는, 큰 성과를 얻을 수 있는 중요한 전략적 기회의 시기"였다고 할 수 있습니다. 그 핵심 목표로는 바로 "21세기의 첫 20년에 온 힘을 다하여, 10억이 넘는 인구를 위한 더 높은 수준의 부유한 사회를 건설하는 것"이 상정되었지요. 2002년 11월 8일, 저는 이 목표를 "중국 건설의 대전략: '부민강국(富民强国)'의 위대한 목표"로 간주한 적이 있습니다. 여기서 소위 '부민(富民)'은 바로 부유한 사회를 전면적으로 건설함으로써 전 국민이 '공동부유'의 방향으로 꾸준히 나아갈 수 있게 하는 것이지요. 또 '강국(强国)'은 국가의 종합적 국력이 세계 총량에서 차지하는 비중을 끊임없이 높여서 미국과의 상대적 격차를 더욱 좁히는 것을 의미합니다.[1]

지금의 시점에서 돌이켜보면, 중국 공산당과 중국 정부는 이미 '부민강국'의 대전략을 가속화하여 실현하고 있다고 보입니다. 이를 대략 두 개의 10년으로 나누어 볼 수 있습니다.

1 胡鞍钢, 『国情报告』第5卷, 2002年(下), 北京: 黨建讀物出版社, 社會科學文獻出版社, 2012, pp. 527-555.

우선, 후진타오(胡錦濤) 영도하의 당중앙(공산당중앙정부)은 5년에 걸친 국제금융위기를 배경으로 이미 그들의 중대한 역사적 임무를 수행하였습니다. 2000~2012년, 중국의 1인당 GDP는 1천 달러에서 출발하여 5천 달러에 도달하였고, 중국의 인간개발지수(HDI)는 0.620(중등인간개발 수준)에서 0.703(고등인간개발 수준)으로 향상되었으며, 이는 '부민'의 단계적 목표에 해당합니다. 또 중국 경제의 총규모는 세계 6위에서 2위로 올라섰고 중국 수출입무역총액은 세계 8위에서 1위로, 공업 부가가치는 세계 4위에서 1위로 올랐는데, 이는 '강국'의 단계적 목표에 해당한다고 할 수 있습니다.

이로 볼 때 앞으로 8년 동안 이 목표를 시간에 맞게 달성하기 위한 든든한 기초를 다져 놓았다고 할 수 있을 것입니다. 국제적으로 중국의 성과를 비교해 볼까요? 5년의 국제금융위기에 대처하는 과업에 중국은 G20 국가 중 최고의 실적을 거두었고, 또한 전 세계의 경제회복에, 글로벌 무역불균형을 완화하는 것에, 그리고 전 세계 기술혁신에 공헌이 제일 큰 나라입니다.

둘째로, 시진핑(習近平) 영도하의 당중앙은 지금부터 2020년

인간개발지수(Human Development Index, HDI)

유엔개발계획(UNDP)이 각 국가의 실질국민소득, 교육수준, 문맹률, 평균수명 등 인간의 삶과 관련된 여러 가지 지표를 조사해 발표하는 인간의 삶과 관련된 지표 중 하나다. 2013년 발표된 인간개발지수(HDI)에서 미국은 3위, 일본은 10위, 한국은 12위, 중국은 101위를 각각 차지했다.

까지 완수해야 할 중대한 역사적 임무로 다음의 과제를 상정하고 있습니다. 중국의 1인당 GDP가 1만 5천 달러 이상에 이르고, 중국의 인간개발지수가 0.760(고등인간개발 수준)에 도달하며, 중국 경제의 총규모가 미국을 추월하여 세계 1위로 올라서고, 중국의 수출입무역총액이 세계의 5분의 1을 차지하고, 중국이 세계적 혁신강국으로, 연구와 실험 발전에 종사하는 과학자, 엔지니어, 발명특허 소유권, 국제 학술논문 발표량이 모두 세계 상위를 차지하는 것이 그것입니다. 그리고 10년 후 우리는 후진타오를 평가했던 것과 같이 시진핑 영도하의 당중앙이 완성한 역사적 임무와 사명을 평가할 것입니다. 그리고 그 결과에 대해 우리는 완전히 자신감을 가지고 있고, 목표한 결과를 달성할 것이라고 확신하고 있습니다.

이러한 과제를 달성해 나가는 과정에서, 중국은 확실히 미국 등 서양 국가뿐 아니라 한국과 일본 등 동아시아 국가와도 다른 고유의 장점을 지니고 있습니다. 아시다시피 각국 정부의 지도자와 여당이 교체될 때는 모두 서로 다른 정책목표와 정책의제를 제출하기에 그 연속성을 유지하는 것이 매우 힘들지요. 예를 들자면, 이는 마치 자동차를 운전하는 것과 같습니다. 다른 국가에서는 왼쪽으로 운전하는 경우도 있는 반면, 오른쪽으로 운전하는 경우도 있을 것이고 앞으로 운전하는 경우가 있는 동시에 뒤로 운전하는 경우도 있기 마련입니다.

중국은 이와 반대입니다. 아주 명확한 장기목표를 설정하고(예를 들어 '두 개의 100년'), 또 어떻게 목표를 실현할지에 대한 가

이드라인을 작성했기 때문에(예를 들어 5년 간격을 두고 당의 대표대회를 열어 보고하고, 5년 간격으로 5년 계획을 세웁니다), 그리고 한 사람이 지도하거나 결정을 내리는 것이 아니라 당과 국가의 지도자들이 집단적으로 함께 나라를 지도하고 의사결정을 내리기 때문에 온 힘을 합쳐 '두 개의 100년'이라는 목표를 향해 나아갈 수 있는 것입니다.

21세기의 첫 20년 동안에 4차의 중국 당중앙위원회와 중국 정부가 13억 인구를 이끌고 반드시 해내야 하는 가장 큰 과제는 "전면적으로 부유한 사회를 건설하는 것"입니다. 이 목표는 13억 중국 인민의 가장 높고 가장 기본적인 혜택이면서, 전국 각 민족과 인민의 공동목표이자 공동사업입니다.

미국의 조지 프리드먼의 견해에 대한 선생님의 견해를 듣고 싶습니다. 우선 프리드먼은 미국은 앞으로 500년 동안 제국의 위치를 유지할 것이라고 역설하면서, 상대적으로 중국은 10년 이내에 위기를 겪을 것이라고 말했습니다. 미국의 한 경제학자의 1) 미국경제낙관론과 2) 중국위기론에 대한 선생님의 의견을 듣고 싶습니다.

아시다시피 조지 프리드먼은 미국의 저명한 국제정세 분석가입니다. 나는 말씀하신 프리드먼의 책을 상세히 읽어 보지는 못했기 때문에 여기서는 간단한 평론만을 하려고 합니다.

먼저 데이터를 살펴보며 이야기해 봅시다. 달러를 시세에 따라 계산한다면 2001년 미국의 GDP는 중국의 7.73배였고, 2012

표 1 세계 5대 경제체 GDP(환율법)가 세계 총량 중 차지하는 비중(2001~2012)

구분	2001	2007	2008	2009	2010	2011	2012
EU	26.71	30.43	29.82	28.17	25.59	25.11	22.61
중국	4.12	6.26	7.38	8.62	9.38	10.46	11.52
인도	1.53	2.22	2.00	2.35	2.67	2.64	2.72
일본	12.94	7.80	7.92	8.69	8.68	8.38	8.36
미국	31.84	25.01	23.22	23.99	22.82	21.42	21.85
미국/중국 (배)	7.73	4.00	3.15	2.78	2.44	2.04	1.90

출처: 2001~2011년 데이터는 세계은행 DB, 2012년 데이터는 CIA DB.

표 2 세계 5대 경제체 GDP(PPP법)가 세계 총량에서 차지하는 비중(2001~2012)

구분	2001	2007	2008	2009	2010	2011	2012
EU	18.27	18.23	16.30	15.63	15.06	14.61	18.86
중국	7.01	7.42	10.05	11.66	12.84	13.48	14.87
인도	3.78	3.87	4.57	4.83	5.28	5.50	5.70
일본	7.62	7.48	6.58	6.16	5.87	5.83	5.55
미국	23.21	22.95	21.44	20.17	19.63	19.24	18.82
미국/중국 (배)	3.31	3.09	2.13	1.73	1.53	1.43	1.33

출처: 2001~2011년 데이터는 세계은행 DB, 2012년 데이터는 CIA DB.

년의 데이터를 살펴보면 1.90배로 하락합니다(표 1). PPP법 달러 시세에 따른 계산으로 보면 2001년 미국의 GDP는 중국의 3.31배였지만 2012년의 수치로 볼 때 1.33배로 하락하지요(표 2). 비

조지 프리드먼(George Friedman)

'21세기의 노스트라다무스'로 불리는 미국의 유명한 군사·정치 전문가인 조지 프리드먼(스트랫포 소장)은 저서인 『10년 후(The Next Decade)』에서도 중국이 세계 패권을 장악하기는 커녕 10년 안에 큰 위기를 겪을 것이라고 주장했다.

프리드먼은 2008년 금융위기로 미국의 힘이 약해졌다는 시각에 대해 "역사상 네 번째 금융위기일 뿐"이라며 평가절하했다. 그는 "미국이 쇠퇴한다는 믿음이 미국을 지금의 위치로 끌어올린 원동력"이라면서 "미국은 과거 소련과 일본처럼 중국이 미국을 압도할지 모른다는 긴장을 필요로 할 뿐"이라고 전했다.

이와 더불어 중국은 부상이 아니라 붕괴에 대비해야 한다고 경고했다. 프리드먼은 "연간 2만 달러를 버는 중국인은 5퍼센트에 불과하다."라면서 "중국에선 13억 명 중 10억 명이 아프리카처럼 가난 속에 살고 있다."라고 지적했다. 그는 "1989년 일본처럼 중국은 외국 자산을 사들이고 있는데 이는 중국의 성장 사이클이 막바지에 달했다는 신호"라면서 "6천만 명의 부자에게 세금을 거둬 분배해야 하지만 결국 국민을 억압할 수밖에 없다."라고 강조했다.

프리드먼은 오히려 "사회 불안 없이 긴축을 견딜 수 있는" 일본이 재부상할 것이라고 예측했다. 그는 "다만 일본은 천연자원이 없기 때문에 위기가 발생하면 해군력 증강 등 공격적으로 변할 수 있다."라고 분석했다.

록 이 두 가지 방법이 다르지만, 기본적인 결론은 일치한다고 볼 수 있습니다. 즉, 지난 10년은 중국이 발빠르게 미국을 따라잡은 기간이었고, 경제 총량 측면에서 중국은 미국과의 상대적 격차를 점점 좁혀 가고 있습니다. 이렇게 미국의 GDP가 세계 총량에서 차지하는 비중이 대폭 줄어드는 것을 볼 때, 이러한 추세는 앞으로도 계속될 것이라고 예상할 수 있습니다. 이것이 바로 미국이 정상에서 하락하고 있는 추세입니다.

2013년 2월 19일 『월스트리트 저널』은 「미국 이후 번영할 총아」라는 기사에서, 유일하게 제2차 세계대전의 재앙으로부터 피해를 입지 않은 공업 강국으로서 미국은 한때 전 세계의 약 40퍼센트의 상품을 생산했었지만 현재 이 비율은 18퍼센트로 감소한 사실을 지적한 바 있습니다. 이런 점으로 미루어 볼 때 조지 프리드먼은 다소 '프로'답지 못하다고 말하고 싶군요. 만약에 이런 기본적 데이터가 의미하는 바를 제대로 이해하지 못하면 그는 미국이 왜 쇠퇴의 길로 나아가는지도 이해하지 못할 것입니다.

앞서 살펴본 데이터를 통해 미래를 예측해 봅시다. 우리의 예측에 따르면 2016년에, PPP법에 따라 달러를 시세값으로 계산하면 중국 GDP는 미국을 초월할 것이고, 외환관리법 규정에 따라 달러를 시세값으로 계산해도 2019년이면 중국 GDP는 미국을 초월할 것입니다. 2030년에는 PPP법 달러 시세로 볼 때 중국 GDP는 미국의 2.17배가 될 것이고 외환관리법 달러 시세로 볼 때 2.04배가 될 것입니다.[2] 제 생각에 조지 프리드먼은 이 예측 결과를 그다지 보고 싶어하지 않는 것 같습니다. 비록 많은 국제기구와 연구기관에서는 이미 비슷한 예측을 많이 해왔지만 말입니다.

2 胡鞍钢 · 鄢一龙 · 魏星执, 『中国2030: 迈向共同富裕』, 北京: 中國人民大學出版社, 2011, p. 62.

1956년에 마오쩌둥이 '8차 전국대표자대회'에서 다음과 같이 예언한 적이 있습니다. "세상에 미국을 초월할 자격과 능력을 갖춘 나라는 중국이다. 중국의 인구는 미국보다 몇 배나 많고 자원도 풍부하며 사회주의 체제의 우월성이 있어 미국을 따라잡는 것은 가능하다." 마오쩌둥은 또 강철 생산량만 놓고 보면 50년(2006년) 혹은 60년(2016년) 후에 미국을 초월할 수 있다고 예상했습니다.[3]

하지만 오늘날 중국의 강철 생산량은 이미 미국의 6~7배나 되었습니다. 게다가 중국의 화물 수출입액도 이미 미국을 추월했으며, 산업 부가가치마저 미국을 뛰어넘었습니다. 중국은 끊임없이 '마오쩌둥의 예언'을 실현하고 있고, 제가 매일 하는 연구의 결과들도 이 예언의 성취를 증명하고 있지요. 중국의 GDP(환율법, 시세 달러)가 미국을 추월하는 것은 다만 이 예언의 성취들 중 다른 것보다 조금 뒤에 이루어질 일에 불과합니다.

'위기(危机)'라는 단어의 함의를 곰곰이 살펴보면, '危'가 있으면 그에 따라 '机'도 있다는 뜻을 알 수 있습니다. 위험 없이는 기회도 없다는 것이지요. 5년에 걸친 국제금융위기를 예로 들면, 위기 이전인 2007년 외환관리법 규정에 따른 달러 시세값으로 보면 미국과 중국의 GDP의 상대적 격차는 4.0배입니다. 하지만 금융위기 때문에 이 격차가 2012년에는 1.9배로 신속히 줄

3 毛泽东, 『增强党的团结, 继承党的传统』(1956年 8月 30日), 『毛泽东文集』 第7卷, 北京: 人民出版社, 1999, pp. 88-89.

어들었습니다. 만약 이런 위기가 없었다면 미국도 마이너스 성장(2009년)을 하지 않았을 것이고, 중국도 미국을 이렇게 쉽게 따라잡을 수 없었을 것입니다. 이는 우리에게 한 가지 원리를 알려줍니다. 즉, 중국이 미국을 따라잡는 과정에는 두 가지 중요한 요소가 있다는 것이지요. 하나는 중국이 실수를 하지 않고 더욱 성공으로 나아가는 것이고, 다른 하나는 미국이 계속 실수를 반복하며 더 큰 실패로 나아가는 것입니다.

당신은 이런 의문을 품을 수도 있겠지요. "그렇다면 중국은 미국이 실수하는 것을 바라고 있는가?" 저의 대답은 정반대입니다. 우리는 미국이 실수를 범하지 않았으면 합니다. 하지만 미국은 계속 실수를, 그것도 아주 큰 실수를 범하고 있습니다.

위기가 발생하기 이전, 미국은 자국의 금융체계가 세계에서 가장 선진적이고 효과적이라고 생각했습니다. 사실 이러한 생각을 품는다는 것 자체가 가장 큰 실수입니다. 무슨 실수냐 하면, 마오쩌둥이 1956년에 "교만은 사람을 퇴보시킨다(骄傲使人落后)."라고 말한 바 있는데 미국이 바로 그런 경우입니다. 미국이 100년 만의 역사상 최대의 금융위기를 초래하였고 자신뿐 아니라 세계도 함께 재난을 당하게 한 것입니다.

이번 금융위기를 통해 미국의 국민들은 큰 대가를 지불했을 뿐만 아니라 수백만 개의 일자리를 잃었습니다. 그리고 세계 239개 나라와 지구 전체에도 이와 같이 막대한 대가를 지불하도록 했지요. 따라서 "어떻게 하면 미국의 실수를 막을 수 있을까?"라는 문제가 절실하게 대두되고 있습니다.

미국의 많은 정치학자들은 미국의 정책결정 시스템에 매우 문제가 많다고 지적합니다. 최근의 예를 들면, 미국의 '재정절벽(fiscal cliff)'으로 연방정부의 지출이 자동적으로 감소되었던 일이 있지요.

미국의 위기는 본질적으로 보았을 때 제도의 위기입니다. 또한 미국의 제도가 경직되어 있다는 것이 문제이지요. 아무리 좋은 제도도 시대에 따라 발전하지 않고 혁신을 거치지 않으면 필연적으로 굳어질 수밖에 없습니다. 저는 도저히 상상하기 힘듭니다. 200년 전 미국의 헌법제정자들이 세운 헌법과 정책결정 시스템이 지금까지 작동하고, 심지어 미래에도 작동할 수 있다는 것을요. 따라서 미국이 앞으로도 실수를 계속 할 것이라는 점에 대해서는 의심할 여지가 없다고 봅니다. 그렇기 때문에 전 세계도 미국이 실수할 때를 대비해야 한다는 것입니다. 이는 매우 현실적인 문제이며, 우리 모두가 국제금융위기를 통해서 얻은 가장 큰 교훈이라 할 수 있습니다.

프리드먼은 “중국은 내부경제가 없는 나라다. 미국이 제품을 사주지 않으면 존립하기 어려워서 중국은 한마디로 외부 세계의 인질이나 마찬가지”라고 말한 바 있습니다. 이에 대한 선생님의 입장은 어떠한지요? 이 문제와 더불어서 프리드먼은 중국 산업의 경우 임금이 전처럼 싸지 않기 때문에 수익성을 받쳐주지 못할뿐더러, 고부가가치산업으로 가기에도 다른 나라(미국, 독일, 일본, 한국 등)와 경쟁하기 힘들다고 예상했는데, 이에 대한 선생님의 의견을 듣고 싶습니다.

“중국의 노동임금과 노동생산율의 관계는 어떠한가?”라는 질문인데요. 이는 두 가지 측면으로 살펴볼 수 있습니다. 첫째, 노동생산율의 상승이 없으면 노동임금의 상승도 없을 것이고, 노동생산율의 제고는 노동임금 수준을 높이는 기초입니다. 반대로 노동임금의 상승이 없다면 노동생산율의 상승도 없을 것입니다. 왜냐하면 격려와 열정이 뒷받침되지 않으면 노동자들이 노동생산율을 높일 수가 없기 때문이지요.

실제로, 노동생산율의 증가속도가 임금 수준의 증가속도에 비해 많이 뒤떨어져 있지 않는다면, 단위당 노동 산출 중에서 임금이 차지하는 비중이 대폭 상승하지 않기 때문에 계속해서 노동비용의 경쟁력을 유지할 수 있습니다. 중국 제조업의 평균 임금 수준은 2009~2012년 동안 12퍼센트의 꾸준한 증가율을 유지하였습니다. 또한 이 시기 중국의 제조업 노동생산율은 9퍼센트의 증가율을 유지하였지요. 이는 대부분의 임금 인상으로 초래된 압력을 완화시켰습니다.

임금 수준과 노동생산율의 비율을 '단위노동비용'이라 합니다. 이는 국제적으로 상대노동비용을 비교하는 중요한 지표인데요, 국제연합공업개발기구(UNIDO)의 통계에 따르면 중국 제조업의 이 지표는 WTO에 가입한 뒤 하락했다가 다시 올라가는 과정을 거쳤습니다. 2006년에 최저점(미국의 60퍼센트)으로 내려간 후 다시 올라가기 시작해서 2009년에는 2000년의 수준으로 되돌아갔고 2012년에는 미국의 4분의 3 수준으로 올라가 멕시코와 동등한 수준을 보여 줍니다. 아직도 상당한 노동비용 우세를 유지하고 있다는 것이지요.

다른 방면에서 볼 때, 자본과 기술이 밀집한 고부가가치산업일수록 노동비용이 그 안에서 차지하는 비중이 줄어듭니다. 또한 중국 산업의 혁신 과정은 OEM, 모방, 추격, 추월이라는 일련의 과정을 성공적으로 수행하면서, '제조자로서의 중국'에서 '창조자로서의 중국'으로의 전환을 실현하였습니다. 2012년에 다탕텔레콤(大唐电信)이 세계 양대 4G 통신표준업체가 되었고 화웨이(华威)가 세계 최대의 통신설비제조업체로 발돋움한 일련의 사건들은 이를 잘 보여 줍니다.

중국은 다양한 요소가 공존하고 있는 거대한 나라이며 거대한 경제체이자 무역체입니다. 거인과 같은 중국의 경제체제는 그 발전을 위해 '두 가지 정책을 병용하는 것'이 필요하고, 다양한 요소가 동시에 각자의 장점을 발휘해야만 하죠. 예를 들어, 국영기업과 민영기업, 중대형기업과 소형·극소형기업, 전통산업의 혁신과 신흥산업 발전, 노동집약형 산업과 자본집약형 산업, 공업화와 정보화, 생산형 서비스와 생활형 서비스 등이 공존해야 합니다. 현재 중국의 각종 기업과 산업은 모두 세계적인 경쟁 속에서 비교우위와 경쟁우위를 형성하고 있습니다. 이는 중국이 왜 현재 세계 최대의 제조업 국가로 발돋움할 수 있는지를 설명해 주는 요인들입니다.

미국이 세계적인 지배력을 갖게 된 것은 '자본주의'는 물론 '민주주의'라는 가치를 인류 보편적 가치로 내세우고 이에 대해 세계인의 동의를 얻었기 때문입니다. 중국이 세계를 선도하는 국가가 되기 위해서는 이러한 인류 보편의 가치를 제시할 수 있어야 한다고 봅니다. 그러한 가치에는 어떤 것이 있을까요? 공자학원에서 강조하는 유교는 중화주의적인 한계가 있지 않을까요?

현재 세계 70억 인구는 239개 나라에 분포되어 있고, 몇천 개의 민족과 문화로 나뉘어 있습니다. 그들에게 보편적으로 타당한 세계관과 가치관을 제시한다는 것은 다원화된 세계의 모습을 고려할 때 그리 쉬운 일이 아닙니다.

모든 사람에게 적용되는 가치관이 존재하지 않고, 또한 모든 민족과 국가에 적합한 보편적 세계관과 가치관도 존재하지 않지요. 모든 민족과 국가는 서로 다른 문화를 가지고 있습니다. 이는 마치 만물이 성장하는 생태계의 생태문화와도 같은 이치입니다. 그래서 우리는 미국의 문화와 가치관을 받아들이지 않거나 인정하지 않을 수도 있고, 우리도 미국으로 하여금 중국의 문화와 가치관을 받아들이고 인정하라고 요구하지 않을 것입니다.

그리고 중국은 유가학설(儒家學說) 등을 포함하는 중국의 문화를 중화민족 이외의 다른 민족에게 강제한 경우가 없습니다. 훗날에 중국의 국력이 훨씬 강대해지더라도 중국 정부는 절대로 언론패권과 문화패권의 자리로 나아가지는 않을 것입니다. 우리는 기본적으로 '화이부동(和而不同)'을 주장하고, 또한 "민족적인 것이 세계적인 것이고, 세계적인 것이면 꼭 민족적인 것이다."라고 생각하고 있습니다. 이것이 우리의 가장 기본이 되는 관점이라고 할 수 있습니다.

선생님은 대외적으로는 중국의 굴기에 대해 역설하시지만 대내적으로는 비판의 목소리를 높이고 계십니다. 중국의 장점을 다섯 가지로 말씀해 주셨는데요, 단점에는 어떤 것이 있을까요? 예컨대 선생님께서는 중국 부패 문제에 대해 지난 2009년 부패로 인한 경제 손실이 GDP의 13.2~16.8퍼센트를 차지한다고 비판하셨습니다. 그렇다면 1) 지난 2009년부터 현재까지 어느 정도의 변화가 있다고 보시는지요? 그리고 2) 부패 척결에 효과적인 방안은 무엇일까요? 3) 그 밖에 다른 문제점들의 현황과 그 대처 방안 및 전망은 어떻게 보시나요?

저는 2002년 『중국국정분석연구보고』(제20기)에 「거대한 부패의 블랙홀: 각종 부패가 낳은 경제 손실 공개」라는 글을 발표했습니다. 이 글에서 국가 각 부문에서 발표한 데이터에 따라 시스템성 부패를 열 가지로 나누었는데요. 1999~2001년을 놓고 보면, 손실이 매년 GDP의 평균 14.5~14.9퍼센트를 차지하였습니다. 이 연구 결과가 보여 주다시피 관원들의 개인적인 부패로 인한 경제손실의 비율은 작지만, 시스템성 부패의 손실 비율은 매우 큽니다. 하지만 또한 중국 주요 영역의 시장화 혁신과 이런 시스템성 부패로 인한 손실의 비율은 점차 줄어들고 있다는 결과 또한 관찰됩니다. 중국 사회의 많은 영역에서 진행되는 혁신은 모두 명확한 효과를 거두고 있습니다. 예를 들어, 민간 항공 영역에서 독점가격체제를 없애고 시장 메커니즘으로 전환하여 업계 전매가 사라지게 했으며, 또 다른 예로는 도시와 농촌의 전기세 가격을 통일함으로써 독점임대료를 상당히 감소시켰지요. 이 모든 것을 하나하나 평가하고 계산하는 것이 필요합니다.

물론 분명한 것은 부패가 중국의 가장 큰 정치적 악성 종양이자 가장 큰 정치적 도전이라는 사실입니다. 그 때문에 부패 척결은 중국의 가장 큰 정치적 임무이자 시진핑 총서기의 가장 중요한 정치적 임무라고 할 수 있지요.

부패의 역사가 아주 오래되었기 때문에 부패 척결은 매우 장기적인 투쟁이 될 것입니다. 이를 위해 부패한 관원들로 하여금 높은 경제적 대가를 치르게 할 뿐만 아니라 명예가 실추되는 정치적 대가도 치르게 해야 합니다.

부패를 방지하는 과정은 그 자체가 당과 국가의 제도 건설 과정이자 제도 실시의 과정입니다. 중국 공산당은 "표면과 근본을 같이 치료하는 것을 견지하고 종합적 제어, 처벌과 예방을 같이 하며, 예방방침을 중시해야 한다."라거나 "전면적으로 부패

홍콩에서 판매 중인 중국 공산당 부패 폭로 서적들

를 처벌하고 예방하는 체계의 건설을 촉진해야 한다."라는 방침을 제기한 적이 있는데요. 저는 부패에 대한 예방치료라는 아이디어와 방침은 기본적으로 옳다고 생각합니다. 하지만 구체적인 실행 과정에서 어떻게 기관 메커니즘의 혁신과 제도의 창의성을 심화시킬 수 있을지가 중요한 문제로 떠오를 것입니다. 또한 부패를 제어할 뿐만 아니라 부패를 자라나게 하고 전파되게 하는 토양도 갈아엎어야 한다고 생각합니다.

선생님은 중국이 강대국으로 나아가는 데 있어 인적자원 개발을 역설하셨고, 그런 점에서 중국의 거대한 인구라는 국가적 부담을 풍부한 인적자원이라는 장점으로 바꾸는 것을 목표로 한다고 말씀하셨습니다. 그러기 위해서는 어떤 과정이 필요한지, 현재 중국은 목표 대비 어느 정도까지 와 있는지에 대한 선생님의 의견을 듣고 싶습니다. 또 전인대에서 후진타오 주석은 중국특색사회주의를 건설하는 데 있어 특히 청년들의 역할과 창의력을 강조했는데, 선생님께서 생각하는 청년인재 개발과 청년 창의력 육성이 구체적으로 무엇을 의미하는지 듣고 싶습니다.

1989년에 우리는 국정보고 「생존과 발전」 중 중국은 인구 팽창과 고령화, 고용부담이 매우 심각하다고 언급했습니다. 세기 전환의 시기에 국제경쟁력을 확보하고 현대화를 추진하는 과정에서 인구 문제가 가장 심각한 골칫거리라는 것이지요. 그때부터 우리는 인구 문제를 어떻게 풍부한 인력자원으로 전환할 것인가를 연구해 왔습니다.

2002년에 제가 통계자료를 보며 발견한 사실이 있습니다. 지난 20년 동안(1980~2000년), 중국의 총인적자본 확보량(노동연령인구×평균 교육 연한)이 배가 되었고 세계 총인적자본 저장량에서는 4분의 1이라는 높은 비율을 차지하여, 중국이 이미 세계적인 인구대국일 뿐 아니라 인적자본대국으로 발돋움했다는 사실입니다. 이는 21세기 중국의 경제가 지속적으로 발전하고 중국이 세계 경제강국으로 발전할 수 있는 가장 중요한 전략적 자본입니다. 이를 더 활용하기 위해서 앞으로 20년 동안 '계획출산'과 '교육투자'를 통해 세계에서 가장 큰 학습형 사회를 건설하고 전

국민의 인적자본을 향상시켜야 한다고 주장한 적이 있습니다.

2000~2010년 동안 전국 전문대학 및 그 이상 교육수준의 인구는 4,571만 명에서 1.19억 명으로 증가했고 연평균 증가율은 10.05퍼센트에 달했습니다. 이는 세계 현대 역사상 고등교육 인구 증가가 가장 빠른 사례일 것입니다. 현재 중국의 각종 전문 인재 총수가 5,800만 명에 달하여 한국을 크게 앞질렀습니다. 이는 중국의 특허 신청 수가 세계 1위를 차지한 원인이기도 합니다. 전국적으로 연구 · 개발(R&D)에 종사하는 인력이 연간 300만 명을 넘어 세계 1위를 차지하였고, 이는 중국의 국제 학술논문 발표량이 세계 2위를 차지하고 있으며 곧 미국을 추월할 것이란 사실을 설명해 줍니다.

이 외에도 중국은 세계적으로 기업 수가 가장 많고 기업가 수도 가장 많은 나라입니다. 국가공상행정관리총국의 자료에 따르면 2012년 말 전국적으로 기업이 1,366.6만 개 있고 2007년 6월부터 2012년 6월까지 전국 기업 수가 49.1퍼센트 증가했으며 연평균 증가율은 8.3퍼센트입니다. 등록 자본금은 146.8퍼센트 증가하고 연평균 증가율은 19.8퍼센트를 기록했습니다. 기업당 등록 자본금이 65.4퍼센트 증가하였고 이는 중국 기업가와 경영관리 인재의 폭발적인 증가를 의미할 뿐만 아니라 기업자본금도 폭발적으로 증가하고 있음을 의미합니다. 몇천만의 기업가들이 일구어 내는 거대한 혁신이 중국의 경제발전 속도를 더욱 빠르게 밀어올리고 있는 것이죠.

예상컨대, 2020년에는 중국의 전국 전문대학 및 그 이상 교육수준 인구는 2억 명이 넘을 것이고 2030년에는 3억 명이 넘을 것입니다. 비록 그때 인도가 중국의 총인구수와 노동연령인구수를 초과하겠지만, 그럼에도 중국은 역시 고등교육인구가 가장 많은 나라이자 각종 인재가 가장 많은 나라일 것입니다. 예를 들어 중국에서 연구·개발(R&D)의 활동 인원 총수가 연간 300만 명을 넘어 미국과 EU의 총합을 초월할 것으로 예측되고 있습니다.

말씀드린 수치들은 저희의 최신 연구 성과이고, 현재 아직까지는 미국, 일본, 한국, EU의 27개국도 이에 대해 많이 알고 있지는 못합니다. 3억 명의 고등교육인구와 인재가 함께 혁신의 작업에 착수할 때 중국에, 나아가서 세계에 어떠한 영향을 미칠 것인지를 한번 상상해 보세요.

이는 우리로 하여금 1949년에 마오쩌둥이 제창한 말을 떠올리게 합니다. "세상만물 중 사람은 가장 소중한 것이다. 공산당의 영도하에 사람만 있으면 모든 기적을 이룰 수 있다."[4] 하지만 그때에 마오쩌둥은 이 '사람'이 어떠한 사람인지는 밝히지 않았습니다. 오늘에 와서 우리는 감히 이를 중국의 인재라고 말할 수 있을 것입니다. 우수한 인재가 더 많이 있다면 모든 기적을 이룰 수 있을 것이라 확신합니다.

4 毛泽东, 『唯心历史观点破产』(1949年 9月 16日), 『毛泽东选集』 第4卷, 北京: 人民出版社, 1991, p. 1512.

인터뷰 2.

아시아는 아직 기다려야 한다

쿱찬에게 듣는다

찰스 A. 쿱찬(Charles A. Kupchan)

미국 조지타운대 교수

1981년	하버드대 동아시아학과 졸업
1985년	옥스포드대 정치학과 석 · 박사
1992년	미국 국무부 Policy Planning Staff
1993년	미국 국가안전보장회의 European Affairs 소장
1986년	프린스턴대 정치학과 조교수
2004년	조지타운대 Mortara Center for International Studies 소장
현재	International Affairs in the School of Foreign Service and Government Department 교수, 외교협회 Whitney H. Shepardson Senior Fellow

* 이 인터뷰는 필자의 서면 인터뷰에 대한 쿱찬 교수의 답변문을 대담 형식으로 재구성한 것이다. 인터뷰 내용의 번역에는 서울대학교 아시아연구소 공석기 박사의 도움이 컸음을 밝혀 둔다.

열린강연시리즈의 기획 취지가 문명의 전환기에 정치·경제·사회·문화의 아시아 중심을 가는 것입니다. 아편전쟁 이후 서양의 우위가 아시아로 전환된다는, 문명의 전환이라는 관점에 대해 동의하시는지요?

서양에서 동양으로의 권력이전은 비교적 최근에 발생한 현상입니다. 1700년대, 1800년대, 그리고 1900년대 사이에 권력은 동양에서 서양으로 옮겨 갔습니다. 상업화와 산업화를 통해 유럽은 19세기 초부터 다른 세력보다 앞서나가기 시작했습니다. 영국에 의한 지배(Pax Britannica)는 대략 1815년부터 1914년까지 진행되었고, 1940년대 초반부터 미국에 의한 지배(Pax Americana)가 시작되었습니다. 유럽과 북미가 지난 200여 년 동안 세계정치를 지배한 것이죠. 그러나 지난 수십 년간 세계화는 서양에서 동양으로의 권력 재분배를 가져왔습니다. 그 결과로 서양이 세계 경제산출량에서 차지하는 부분은 줄어들었고, 5~10년 후에 중국의 GDP는 미국을 앞지를 것으로 예상됩니다. 세계 권력의 분배에 근본적인 변화가 일어나고 있는 것입니다.

미국에서 경기회복 조짐이 보이지만, 결국 시퀘스터가 발동되었고, 근본적인 재정적자 해소 방안은 마련되기 어려워 보입니다. 이러한 상황에서 미국의 초강대국 지위는 얼마나 지속될 수 있을 것으로 보시는지요?

미국은 앞으로 몇 대에 걸쳐서 세계 경제를 주도할 것입니다. 미국은 이민국가이고, 세계적인 대학과 유동적인 노동인구를 보유하고 있어서 혁신과 기업가정신의 선구자 자리를 지킬 것입니다. 게다가, 현재 미국이 직면한 경제 문제는 충분히 극복 가능하며, 적절한 정책을 통해 재정적 지불능력과 성장을 회복할 것입니다. 가장 큰 문제는 정치체제인데, 지나치게 양극화된 정치체제에 대해서는 적절한 정책을 마련하지 못하고 있는 상황입니다.

양극화는 부분적으로 경제적 상황의 부산물이기도 합니다. 중산층의 임금은 정체되어 있고, 불평등이 심화되면서 미국 사회에 이념적 갈등을 다시 불러일으켰습니다. 결과적으로 경제회복이 이루어진다면 이러한 정치적 역기능은 완화될 것입니다. 미국은 회복력이 좋은 국가이며, 궁극적으로 미국 경제는 재빨리 굳건한 성장세를 회복할 것이고 정치적 이념도 되찾을 것입니다. 그럼에도 불구하고 미국을 둘러싼 전 세계는 빠르게 변화하고 있습니다. 미국에 대한 낙관적인 전망에도 불구하고 세계 경제의 세력균형 관점에서 미국은 서양의 '성장하는 나머지 세력(rising rest)'의 일부로 변해 가고 있습니다.

선생님께서는 『미국 시대의 종말(The End of the American Era)』이란 저서에서, 중국을 비롯한 동아시아보다 유럽이 미국의 경쟁자가 될 것이라고 예측하셨습니다. 하지만 유럽은 현재까지 미국보다 심각한 재정위기로 어려움을 겪고 있습니다. 또한 서울대학교 아시아연구소 자료에 따르면 대략 2030년 정도에 동아시아 주요 국가(한·중·일＋인도＋ASEAN)의 GDP가 미국과 EU 27개국의 GDP와 비슷해지는 것으로 나타났습니다. 미국의 헤게모니가 약화될 때, 현재도 유럽이 대신할 것이라고 보시는지요?

『미국 시대의 종말』이라는 책에서 나는 미국을 대응할 권력구조로 유럽이 가장 먼저 등장하고, 이내 중국과 동아시아가 따라잡을 것이라고 예측했습니다. 그러나 유럽의 통합에 대한 전망이 무너지면서, 적어도 지금은 유럽이 세계 무대에서 권력을 행사할 집단으로 등장하지 않을 것으로 보입니다. 반면에 경제위기로 인해 EU 국가들은 국내에 집중하고, 조직이 해체되면서 유럽 정치의 재국유화로 이어졌습니다. 가까운 미래에 유럽이 기대만큼 선전하지 못할 것으로 예상되면서 동아시아, 특히 중국이 미국에 대한 중요한 견제 세력으로 등장하고 있습니다. 동시에 아시아도 정치적으로 분열되고 연합과 지지의 양상이 다르게 나타날 것입니다. 더욱이 미국은 수십 년간은 군사적 우위를 점유하여, 타의 추종을 불허하는 지정학적 영향력을 발휘할 것입니다. 따라서 미국의 주도권이 약해지면서 아시아, 인도, 브라질, 터키, 그리고 다른 떠오르는 국가들의 서열이 올라갈 것입니다. 그러나 그 어떤 국가나 지역도 패권국으로서의 미국의 자리를 차지하지는 못할 것입니다. 다음 세계는 미국, 중국, 아시아, 그 누구의 소유도 아니며, 역사상 처음으로 세계는 수호자나 지정학적 지주 없이, 상호 의존적인 세계화 과정에 놓일 것입니다.

역사적으로 문명사적 전환기에는 대규모 전쟁이 연달아 일어났습니다. 유럽에서는 양차대전이 있었고 청나라가 부상할 때도 호란이 존재했습니다. 최근 동북아 영토분쟁이나 북한 핵 사태가 그러한 문명사적 전쟁의 불씨는 아닐지요? 전면전이든 국지전이든 헤게모니를 결정할 세계전쟁에 대한 전망과 대책을 듣고 싶습니다.

주도권 이전에는 일반적으로 불안정성과 전쟁이 수반됩니다. 국제 서열이 변하면서 세계 열강은 서열과 특권을 차지하기 위해 경쟁하게 됩니다. 팍스 브리타니카(Pax Britannica)에서 팍스 아메리카나(Pax Americana)로의 권력이전만이 역사적으로 유일하게 평화롭게 권력이전이 이루어진 경우라고 할 수 있습니다. 비록 제1차 세계전쟁과 제2차 세계전쟁이 부분적으로 영국의 쇠퇴로 인한 것이지만, 영국과 미국 간 전쟁 없이 미국으로의 권력이양이 이루어졌습니다. 그러나 이 평화로운 권력이전은 두 앵글로색슨 국가 사이에 발생한 것이므로, 현재 우리가 직면한 권력이전이 지정학적 불안 요소를 수반하지 않을 거라고 안심할 수만은 없습니다.

세계 전 지역 중에 동아시아가 세계 권력 재분배의 영향을 가장 극심하게 받을 것입니다. 물론 중동에서도 몇 차례의 갈등이 발생하겠지만, 이는 권력이전 때문이 아니라 아랍의 반정부 시위와 종파분쟁으로 인한 것입니다. 반면, 동아시아에서 권력균형의 이전이 빠르게 발생하면서 경쟁, 군비확장 경쟁과 영토분쟁을 심화시킬 것입니다. 권력이전으로 인한 경쟁 본능은 조심스럽게 다뤄져야 합니다. 미국은 주도권을 통해 안정된 감독관으로서 역할을 수행해 왔으나, 지역적 권력균형이 새로운 균형을 찾아 나서면서 그동안의 안정성이 위태로운 상황이라 할 수 있습니다.

문명 전환기에 미국의 역할과 미국과 한국, 중국, 북한, 일본, ASEAN, 인도 등 아시아는 어떤 역할을 하고, 어떤 관계를 유지해야 할까요? 유럽의 역할은 어떤가요?

동아시아는 협력과 합의를 통한 안정성을 가져다줄 지역적 다자간 협정을 구축하도록 노력해야 합니다. NATO나 EU가 대서양 지역에 안정적 평화를 가져다주었듯이 아시아에서도 통합과 협력이 필요합니다. 대안으로는 규제가 없는 세력균형 시스템을 들 수 있는데 이는 위험하고 비용이 많이 드는 것이 사실입니다.

다자간 협정에 이르는 것은 쉽지 않으며, 참가국 간에 조화를 필요로 합니다. 동아시아의 지정학적 중심지 역할을 하는 미국은 유럽에서 그랬듯이 동아시아에서도 지역적 통합을 추진해야 합니다. 중국, 일본, 그리고 한국은 신뢰를 구축하는 데 투자

하여 상호 이해와 신뢰를 높여야 합니다. 중국은 전략적인 규제를 완화하고 이웃 국가를 압박하기보다는 안심시키는 방향으로 권력을 행사해야 합니다. ASEAN의 협의 과정과 갈등해결은 오랜 시간에 걸쳐 증명되었으며, 전략적 협력의 관습을 전파하는 데 중요한 역할을 할 수 있습니다. 인도 역시 지역적 통합과 협력을 향한 새로운 자극을 줄 수 있을 것입니다.

신용 팽창이나 임금 상승, 기술 부족, 빈부격차 등으로 중국이 10년 이내에 큰 위기를 겪을 것이라는 전망이 적지 않습니다. 반대로 미국이 위기를 겪고 있지만 그래도 로마처럼 결국에는 장기적인 우위를 유지할 것이라는 주장도 있습니다. 이에 대한 선생님의 견해는 어떠한가요?

중국과 미국은 경기 변동을 겪을 것입니다. 최근 경제위기로 미국 경제는 신용, 자산 버블, 그리고 재정적자에 면역이 되어 있습니다. 중국 경제는 대공황을 훌륭히 헤쳐나갔지만 저조한 대출, 부패, 사회혁신 등의 문제에 직면해 있습니다. 미래에는 세계 경제 시장에서 다양한 경제 모델이 경쟁할 것으로 전망됩니다. 중국의 국가 자본주의는 수정된 형태로라도 몇십 년간 지속될 것으로 보입니다. 그 사이 미국은 자유경쟁 자본주의를 실행할 것입니다. 인도와 브라질과 같이 인구는 많지만 가난하게 사는 국가들은 혼합된 형태의 경제 모델을 적용할 것입니다. 앞으로 올 세계는 다양한 권력 중심과 다양한 종류의 자본주의가 공존할 것입니다.

서구 세계가 세계적인 지배력을 갖게 된 데에는 자본주의와 함께 민주주의라는 보편적 가치를 내세우고 세계인의 동의를 얻었기 때문이기도 합니다. 패권이 미국 내지 서구에서 아시아로 넘어가든 넘어가지 않든, 아시아가 동서양을 아우르는 그런 보편적 가치를 만들 수 있을까요? 가능성이나 한계에 대해 말씀 부탁드립니다.

서양은 세계 지배를 통해 서구적인 생각을 전파하고 권력을 행사해 왔습니다. 민주주의와 자본주의는 달러와 항공모함을 뒷받침으로 한 매우 매력적인 관념이었습니다. 서구 권력이 시들면서 이 개념들의 매력도 다소 줄어들 수 있습니다. 예를 들면, 중동에서는 세속과 교회와 국가 간 분리를 강조하는 서구적 관념에 도전하는 정치적 이슬람이 부활하고 있습니다. 중국은 서양이 강조하는 개인의 권리와 상반되는 공산주의 사회입니다.

그럼에도 불구하고, 서양이 지배한 시기가 남긴 유산은 대의정치와 자본주의의 결합입니다. 이 둘은 앞으로 수십 년간 유지되고 확산될 것입니다. 중국은 세계 다른 나라들이 모방하고자 하는 대안적인 모델을 제시하지는 않습니다. 중국도 미국과는 달리 자신들의 문화와 가치를 세계에 전파하고자 하지 않습니다. 이러한 점에서 중국은 미국과 같이 자신들의 가치를 보편화하려는 야망을 품고 있지 않습니다. 동시에 중국, 러시아, 페르시아 만에서 시행되는 국가 자본주의는 유지될 것으로 보입니다. 자유민주주의가 이들 나라에 뿌리를 내리려면 시간이 걸릴 것입니다. 따라서 떠오르는 세계는 서양, 아시아, 혹은 다른 지배적인 모델로 수렴되기보다는 다양하고 다원적일 것입니다.

앞의 질문을 미국의 관점에서 여쭤 보겠습니다. 부시 행정부 당시 선생님께서는 국제적 합법성을 손상시켰기 때문에 미국의 위기가 나타났다는 견해를 보이셨습니다. 현재 오바마 행정부 2기가 들어섰는데, 이제 그러한 위기는 끝난 것인가요? 아니면 다극화하는 세계의 변화에 맞추어 미국이 새로운 가치 수립에 나서야 할까요?

오바마는 부시 정부가 퇴색시켰던 미국의 국제적 지배 정당성을 상당히 회복시켰습니다. 오바마 체제하에서 미국은 팀플레이어로서 협력했고, 전임자보다 신중하고 사리에 맞게 권력을 행사했습니다. 오바마는 그의 다문화적 배경을 통해 세계 곳곳에서 인기를 얻은 인물입니다.

그러나 미국의 헤게모니가 회복됨에도 불구하고 세계는 끊임없이 변화하고 있습니다. 비록 미국은 궁극적으로 앞으로 나아갈 방향을 찾겠지만, 경제적 압박과 정치적 분열로 곤경에 처한 상황입니다. EU도 마찬가지입니다. 이 와중에 서구에서 나머지 세계로 권력이전이 이루어지면서 떠오르는 국가들은 빠르게 성장하고 있습니다. 서양은 자유의 가치, 민주주의적 제도, 그리고 자유시장을 강조한 정신적 지주로 남을 것입니다. 그러나 서구의 법칙을 따르지 않는 나라들과 권력 및 책임을 분담해야 할 것입니다.

하나의 지배구조에 기반을 둔 국제사회가 새로운 여러 지배구조로 평화롭게 이전하는 것이 핵심 과제입니다. 오늘날의 지배구조는 서양에 의해 설계되고 운영되고 있습니다. 권력이전이 진행되면서 서양은 떠오르는 국가들과 새로운 지배구조의 기반에 대해 합의를 구축해야 합니다. 새로운 지배구조는 권력이 더욱 분산되어 있고, 세계 여러 국가의 이념적·문화적 다양성을 반영하고 있습니다. 21세기의 세계경제 지배를 위한 시스템을 구축하려면 기존의 탁자에 떠오르는 국가들의 자리를 마련해 주는 것뿐 아니라 그들의 이해관계와 그들이 선호하는 이념을 대표하는 아예 새로운 길을 제시해야 합니다. 다가올 세계 권력구조 전환을 평화적으로 이루려면 이러한 현실을 자각하고 반응하는 것이 필수적입니다.

2014년 3월 전인대를 통해 중국에서 시진핑-리커창 시대가 본격적으로 개막됐습니다. 중국 정부는 르네상스를 표방하고 있습니다. 이에 대한 미국과 유럽의 전략과, 중국에 특별히 기대하는 바는 무엇인지요?

중국의 성장과 관련하여 미국과 유럽은 각자 앞으로 나아갈 방향을 모색하고 있습니다. 중국이 공격적이고 확장적인 국가이며 서양과의 갈등이 불가피하다고 표명하는 것은 부적절하며 위험합니다. 중국의 성장이 서양에 전혀 위협이 되지 않고 평화적으로 발생할 것이라는 것도 마찬가지로 부적절하며 위험합니다. 중국은 강국으로서 아직 초기 성장 단계에 있으며, 중국의 성장이 갈등을 불러일으킬 것인지 평화적으로 진행될 것인지, 그리고 중국의 성장에 대한 다른 국가들의 반응이 지정학적으로 영향을 미칠 것인지 평가하기는 이릅니다.

따라서 미국은 공격적인 중국의 출현에 대비하는 전략을 채택하는 동시에 베이징에 관여하고 협력적인 관계를 추진하고 있습니다. 미국 정부는 영토분쟁과 관련하여 대립적인 태도를 취하는 것에 대해 중국에 경고하면서도 북한, 이란, 그리고 다른 경제 이슈에 대해서는 원만하게 협력해 나가고 있습니다. 지금까지 미국은 아시아의 중심으로 중국을 견제하는 정책을 강조해 왔습니다. 오바마의 두 번째 임기에서 그 중심은 다양해졌고, 정치적·상업적·문화적 참여를 강조했습니다. 가까운 미래에 중국을 향한 서구의 정책은 잠재적인 위험과 동시에 중국의 성장이 가져올 잠정적 기회에 반응하는 양면적 성격을 지닐 것입니다.

참고문헌

강찬수. 2011.「지구씨, 어디 성한 데가 없네요」.『중앙일보』(2011. 4. 22). http://article.joinsmsn.com/news/article/article.asp?total_id=5385172(검색일: 2012. 1. 9).

고병익. 1995.「동아시아 나라들의 상호 소원과 통합」. 정문길·최원식·백영서·전형준 엮음.『동아시아, 문제와 시각』. 문학과지성사.

김태현. 2013.「중국의 부상과 인도」.『전략연구』20(3): 133-165.

위키피디아(Wikipedia).「연도별 반도체 생산 기업 순위」. http://ko.wikipedia.org/wiki/%EC%97%B0%EB%8F%84%EB%B3%84_%EB%B0%98%EB%8F%84%EC%B2%B4_%EA%B8%B0%EC%97%85_%EC%88%9C%EC%9C%84(검색일: 2012. 1. 9).

임현진. 2010.「동북아에서의 내셔널리즘과 보편주의의 조화: 문화 공동체의 모색」.『동북아문화연구』24: 169-187.

임현진. 2011.「지구적 변환, 아시아의 부상, 그리고 한국의 역할」,『아시아리뷰』1(2): 23-50.

장세정. 2010.「중국 세계 2위 vs 96위」.『중앙일보』(2010. 2. 16). http://article.joinsmsn.com/news/article/article.asp?total_id= 5061316(검색일: 2012. 1. 9)

주경철. 2008.『대항해시대: 해상 팽창과 근대 세계의 형성』. 서울대학교출판부.

Abu-Lughod, Janet. 1989. *Before European Hegemony: The World System A. D. 1250-1350*. New York and Oxford: Oxford University Press.

APEC 통계 DB(http://statistics.apec.org/).

Appadurai, Arjun. 1991. "Disjuncture and Difference in the Global Culture Economy." In *Global Culture: Nationalism, Globalization and Modernity*, edited by M. Featherstone. London: Sage.

Arrighi, Geovanni. 1983. *The Geometry of Imperialism*. London: Verso.

Arrighi, Geovanni. 2007. *Adam Smith in Beijing: Lineages of the 21st Century*. London: Verso.

Borrogo, John. 1999. "Twenty-Fifty: The Hegemonic Moment of Global Capitalism." In *The Future of Global Conflict*, edited by V. Borndchier and C. Chase-Dunn. London and Thousand Oaks: Sage.

Evans, Peter. 2008. "Is an Alternative Globalization Possible?" *Politics & Society*, 36(2): 271-305.

Featherstone, Mike. 1991. "Global Culture: An Introduction." In *Global Culture: Nationalism, Globalization and Modernity*, edited by M. Featherstone. London: Sage.

Frank, Andre G. 1998. *ReOrient: Global Economy in the Asian Age*. Berkeley: University of California Press.

Friedman, Thomas L. 2005. *The World is Flat: A Brief History of the Twentieth-First Century*. New York: Farrar, Straus and Giroux.

Giddens, Anthony. 1990. *The Consequences of Modernity*. Cambridge: Polity Press.

Gilpin, Robert. 2001. *Global Political Economy*. Princeton: Princeton University Press.

Harvey, David. 2003. *The New Imperialism*. New York: Oxford University Press.

Kennedy, Paul. 1987. *The Rise and Fall of the Great Powers: Economic Change and Military Conflict from 1500 to 2000*. New York: Random House.

Kennedy, Paul. 1993. *Preparing for the Twenty-first Century*. New York: Vintage.

Keohane, Robert O., and Joseph S. Nye. 2001. *Power and Interdependence: World Politics in Transition*. Boston: Little-Brown.

Lim, Hyun-Chin, Byungki Kim, and Jinho Chang. 2004. "Towards a Preliminary Analysis of the Political Economy of Regionalism in East Asia: Differences from the European Union Experience." *European Studies*, 20: 25-66.

McNeill, William H. 1963. *The Rise of the West: A History of the Human Community*. Chicago and London: The University of Chicago Press.

McNeill, William H. 1998. "World History and the Rise and Fall of the West." *Journal of World History*, 9(2): 215-236.

Pieterse, Jan Nederveen. 2011. "Twenty-First Century Globalization-Propositions and Perspectives." In *New Asias: Global Futures of World Regions*, edited by

Hyun-Chin Lim, W. Schafer, and Suk-Man Hwang. Seoul: Seoul National University Press.

Reich, Robert. 1991. *The Work of Nations: Preparing Ourselves for 21st-Century Capitalism*. New York: Alfred A. Knopf.

Robertson, Roland. 1993. *Globalization: Social Theory and Global Culture*. London: Sage.

Said, Edward. 1978. *Orientalism*. New York: Pantheon Books.

Smith, Adam. 1961. *An Inquiry into the Nature and Cause of the Wealth of Nations*. London: Methuen.

Toffler Associates. 2010. "40 for the Next 40: A Sampling of the Drivers of Change that will Shape Our World between Now and 2050." http://www.toffler.com/docs/40%20for%20the%20Next%2040%20101011%20FINAL.pdf (검색일: 2012. 1. 9).

World Steel Association 통계 DB(http://www.worldsteel.org/?action=stats&type=steel&period=latest&month=13&year=2010).

WTO 통계 DB(http://stat.wto.org/Home/WSDBHome.aspx?Language=E).

찾아보기